“读原著·学原文·悟原理”丛书

DUYUANZHU XUEYUANWEN WUYUANLI

《路德维希·费尔巴哈和德国古典哲学的终结》这样学

孙熙国 张 梧 | 主编

侯春兰 | 著

中国出版集团
研究出版社

图书在版编目 (CIP) 数据

《路德维希 · 费尔巴哈和德国古典哲学的终结》这样学 / 侯春兰著. -- 北京 : 研究出版社, 2022.4
ISBN 978-7-5199-1234-5

Ⅰ. ①路… Ⅱ. ①侯… Ⅲ. ①《路德维希 · 费尔巴哈和德国古典哲学的终结》 – 恩格斯著作研究 Ⅳ. ①A811.24

中国版本图书馆CIP数据核字(2022)第055460号

出 品 人：赵卜慧
出版统筹：张高里　丁　波
责任编辑：寇颖丹
助理编辑：朱唯唯

《路德维希 · 费尔巴哈和德国古典哲学的终结》这样学
LUDEWEIXI FEIERBAHA HE DEGUO GUDIAN ZHEXUE DE ZHONGJIE ZHEYANGXUE
侯春兰　著
研究出版社 出版发行
（100006　北京市东城区灯市口大街100号华腾商务楼）
北京中科印刷有限公司印刷　新华书店经销
2022年4月第1版　2022年4月第1次印刷
开本：787毫米 × 1092毫米　1/32　印张：4.25
字数：56千字
ISBN 978-7-5199-1234-5　定价：32.00元
电话（010）64217619　64217612（发行部）

编委会主任

孙熙国，北京大学马克思主义学院教授、博导，北京大学习近平新时代中国特色社会主义思想研究院常务副院长，北京大学学位委员会马克思主义理论学科分会主席，国家“万人计划”教学名师，中央马克思主义理论研究和建设工程课题组首席专家，国务院学位委员会马克思主义理论学科评议组成员，教育部马克思主义理论类专业教学指导委员会副主任委员。兼任国际易学联合会会长，中国历史唯物主义学会副会长，北京市高教学会马克思主义原理研究会会长。

在《哲学研究》等刊物发表学术论文百余篇，著有《先秦哲学的意蕴》《马克思主义基本原理前沿问题研究》（第一作者）等，主编高校哲学专业统一使用重点教材《中国哲学史》，主编全国高中生统用教科书《思想政治·生活与哲学》《思想政治·哲学与文化》，获首届全国优秀教材一等奖。主持“马藏早期文献与马克思主义在中国的早期传播”“马克思主义基本原理的学科对象与理论体系”等国家哲学社会科学重大项目和重点项目。

孙蚌珠，经济学博士，教授。现任北京大学马克思主义学院党委书记、习近平新时代中国特色社会主义研究院副院长。教育部高等学校思想政治理论课教学指导委员会委员总教指委主任委员、“形势与政策”和“当代世界经济和政治”分指导委员会主任委员。马克思主义研究和建设工程首席专家，国家义务教育教科书“道德与法治”编委会主任，国家统编高中思想政治教材《经济与社会》主编、国家中等职业学校思想政治教材编委会主任。中国政治经济学学会副会长、中国《资本论》研究会副会长。主要从事政治经济学、中国特色社会主义经济理论与实践研究，获得过北京市科学技术进步二等奖，是全国首届百名优秀“两课”教师、全国思想政治理论课影响力标兵人物、北京市高等学校教师名师、国家“万人计划”教学名师、享受国务院政府特殊津贴专家。

孙代尧，北京大学法学学士、硕士和博士。现任北京大学博雅特聘教授、社会科学学部学术委员和马克思主义学院学术委员会主任，《北京大学学报（哲学社会科学版）》主编。曾任马克思主义学院副院长、学位委员会主席、教育部高校思政课教学指导委员会委员。

先后入选国务院政府特殊津贴专家、中宣部全国文化名家暨“四个一批”人才、国家“万人计划”第一批哲学社会科学领军人才；担任中央马克思主义理论研究和建设工程专家、中国科学社会主义学会副会长等。

主要从事马克思主义理论、社会主义历史和理论等领域的教学和研究。担任教育部哲学社会科学研究重大课题攻关项目、国家社科基金重大项目首席专家。科研成果曾获北京市哲学社会科学优秀成果一等奖等多个奖项。

张梧，哲学博士。现为北京大学哲学系助理教授、研究员、博士生导师，中国人学学会秘书长、北京大学中国特色社会主义理论体系研究中心研究员、济宁干部政德学院“尼山学者”。主要研究方向是马克思主义哲学史、社会发展理论等。曾著有《马克思恩格斯〈德意志意识形态〉研究读本》《社会发展的全球审视》等学术专著，在《哲学研究》等核心期刊发表论文30余篇。

马克思主义可以这样学

马克思主义应该怎样学？马克思主义经典著作应该怎样读？北京大学马克思主义学院以博士生的“马克思主义经典著作研读”课为抓手，进行了积极的探索，走出了一条“读原著、学原文、悟原理”的新路子，逐步形成了马克思主义理论专业人才培养的“北大模式”。

北京大学具有学习、研究和传播马克思主义的光荣传统。北京大学是中国马克思主义的发祥地，是中国共产党最早的活动基地，是中国马克思主义理论教育的诞生地。1920 年，李大钊在北大开设了“唯物史观”“工人的国际运动与社会主义的将来”“社会主义与社会运动”等马克思主义理论课程和专题讲座，带领学生阅读马克思主义经典著作，公开讲授和宣传马克思主义。李大钊在北大所做的这些工作，与拉布里奥拉在意大利罗马大学、布哈林在苏俄红色教授学院、河上肇在日本京都帝国大学进行的马克思主义理论教学和研究工作，共同开启了马克思主义理论进入高校课堂的先河。

一百多年过去了，一代代的北大人始终把学习研究和宣传马克思主义作为自己的崇高使命，始终把马克思主义经典著作的学习研读作为教育教学的一项重要内容。2014 年 5 月 4 日，习近平在北京大学师生座谈会上的讲话中指出，北京大学是新文化运动的中心和五四运动的策源地，是这段光荣历史的见证者。长期以来，北京大学广大师生始终与祖国和人民共命运、与时代和社会同前进，在各条战线上为我国革命、建设、改革事业作出了重要贡献。2018 年 5 月 2 日，习近平总书记在北京大学考察时指出，北京大学是中国最早传播和研究马克思主义的地方。中国共产党的主要创始人和一些早期著名活动家，正是在北大工作或学习期间开始阅读马克思主义著作、传播马克思主义的，并推动了中国共产党的建立。这是北大的骄傲，也是北大的光荣。由此我们可以看到，北大具有学习研究和传播马克思主义的光荣传统，具有与祖国和人民共命运、与时代和社会同前进的光荣传统，具有爱国、进步、民主、科学的光荣传统。因此，如果要讲北大传统，首先就是马克思主义的传统；如果要讲北大精神，首先就是马克思主义的精神。北大学习研究和传播马克思主义的精神和传统始终与马克思主义经典著作的研读和学习紧紧结合在一起。

2018年5月2日，习近平总书记视察北大马克思主义学院时指出："高校马克思主义学院就是要坚持'马院姓马，在马言马'的鲜明导向和办学原则，为巩固马克思主义在意识形态领域的指导地位，推动马克思主义进校园、进课堂、进学生头脑，发挥应有作用。"在习近平总书记重要讲话精神的指导下，北京大学马克思主义学院逐步确立了以"埋首经典，关注现实"为基本理念、以马克思主义经典文献学习研读为重要内容的马克思主义卓越人才培养的"北大模式"。其中加强和完善"马克思主义经典著作研读"课程，并对研究生、特别是博士研究生进行马克思主义经典著作的中期考核成为北大博士生培养的一个重要环节。

北京大学马克思主义学院的学生究竟怎样学习马克思主义基本原理？怎样阅读马克思主义经典著作呢？

习近平总书记指出："学习理论最有效的办法是

读原著、学原文、悟原理。”要学好马克思主义理论，就必须要读马克思主义经典作家的原著，学马克思主义经典作家的原文，悟马克思主义基本原理。一句话，就是必须要学好马克思主义经典著作。“马克思主义经典著作”这门课一直是我国高校马克思主义学院研究生的核心课程。北大给硕士生开设的马克思主义经典著作课叫“马克思主义经典著作导读”，给博士生开设的马克思主义经典著作课叫“马克思主义经典著作研读”。我负责博士生的“马克思主义经典著作研读”课始自2010年秋季。一开始是我一个人讲，后来孙蚌珠、孙代尧老师加入进来，再后来马克思主义基本原理所、马克思主义发展史所的老师们也陆续加入到了本课程的教学和研究工作中。博士生的“马克思主义经典著作研读”课程的学习时间是一年，学习阅读的文本有30多篇。北大学习研读经典文本的基本方式是在学习某一文本之前，先由学生来做文献综述，通过文献综述把这一文本的文献概况、主要内容、学界争论的焦点问题、学者研究的基本方法和形成的基本范式梳理概括出来。呈现给读者的这套《读原著、学原文、悟原理》丛书，就是北京大学马克思主义学院2016级博士生在“马克思主义经典著作研读”课程学习过程中，在授课老师指导下围绕所学的马克思恩格斯经典文本完成的成果结集。授课教师从2016级博士生的研读成果中精选出了优秀的研究成果，经反复修改完善，以“读原著、学原文、悟原理”作为丛书书名出版。

本丛书收录了从马克思高中毕业撰写的三篇作文到恩格斯晚年撰写的《路德维希·费尔巴哈和德国古典哲学的终结》等代表性著述20余篇。这20篇著作是北京大学马克思主义学院马克思主义理论一级学科各专业和政治经济学、科学社会主义与国际共产主义运动专业博士生必修课“马克思主义经典著作研读”的必学书目。丛书作者对这20余篇著作的研究状况和研究内容的梳理、概括和总结，基本上反映了北大“马克思主义经典著作研读”课程的主要内容，展现了北大马克思主义学院博士生学习研读马克思主义经典著作的基本情况，是北大博士生阅读马克思主义经典文本、学习马克思主义基本原理的一个缩影。在某种意义上说，这些成果体现了北大马克思主义学院博士生学习马克思主义经典著作的基本方式。因此，我们可以自豪地说，马克思主义经典文本可以“这样读”，马克思主义基本原理可以“这样学”。

本书对马克思恩格斯每一时期文本的介绍和阐释主要是围绕以下四个方面的内容展开的。一是对马克思恩格斯这一文本的写作、出版和传播等主要情况的介绍和说明，二是对这一文本的主要内容的介绍和提炼，三是对国内外学者关于这一文本研究的基本方法、形成的基本范式和切入点的概括总结，四是对国内外学者在这一文本研究过程中所涉及到的一些具有争议性的问题或焦点问题的梳理和辨析。在每一章的后面，作者又较为详细地列出了该文本研究的主要参考文献，也就是关于每一个文本的代表性研究成果。本书力图从以上四个方面入手，尽可能客观全面地展示国内外学者关于马克思恩格斯这些经典文本的研究状况、研究结论和研究方法，以期对马克思主义学院师生学习、研读马克思主义经典著作提供参考和借鉴。

马克思主义理论是我们做好一切工作的看家本领，也是领导干部必须普遍掌握的工作制胜的看家本领。我们期望这套20本的“读原著、学原文、悟原理”丛书能够在这方面给大家提供一些积极的启示和有益的帮助。

孙熙国

2022.2

目 录 CONTENTS

一、文献写作概况

《路德维希·费尔巴哈和德国古典哲学的终结》（本篇简称《费尔巴哈论》）是恩格斯晚年阐述历史唯物主义的重要著作，写于1886年1—2月，最初发表在《新时代》杂志。《费尔巴哈论》深刻论述了“新世界观”的创立过程，特别是对德国古典哲学作了精辟的分析，是我们理解马克思主义哲学诞生过程、把握马克思主义哲学同黑格尔哲学、费尔巴哈哲学关系的重要文献，也是“恩格斯晚年的自我澄清与自我总结”[①]。1888年，在斯图加特出版《费尔巴哈论》单行本，附录中第一次发表了“非常宝贵的”“包含着新世界观的天才萌芽的第一个文献”[②]——马克思写于1845年春的《关于费尔巴哈的提纲》（本篇简称《提纲》）。

---

① 王东、赵玉兰：《恩格斯三大贡献》，载《光明日报》2015年7月29日。

② 《马克思恩格斯选集》第4卷，人民出版社2012年版，第219页。

19世纪中后期，随着国际工人运动的蓬勃发展，以及工人政党的不断壮大，“马克思的世界观远在德国和欧洲境界以外，在世界的一切文明语言中都找到了拥护者”[①]。因而，也遭到了外部和内部各种对手的歪曲和攻击。在捍卫马克思主义的理论和实践斗争中，恩格斯始终是走在最一线的，《费尔巴哈论》就产生于这样的历史情境中。恩格斯首先表明了自己的态度：“在这种情况下，我感到越来越有必要把我们同黑格尔哲学的关系，我们怎样从这一哲学出发又怎样同它脱离，做一个简要而又系统的阐述。同样，我也感到我们要还一笔信誉债，就是要完全承认，在我们的狂飙突进时期，费尔巴哈给我们的影响比黑格尔以后任何其他哲学家都大。当《新时代》杂志编辑部要我写一篇文章来评述施达克那本论费尔巴哈的书时，我也就欣然同意了。”[②]于数千字序言中，恩格斯明确地表述了自己写作的历史原因——为了弥补“哲学信仰清算的”夙愿；以及写作《费尔巴哈论》的现实原因——回应德国古典哲学“有某种复活”、应邀

①② 《马克思恩格斯选集》第4卷，人民出版社2012年版，第218页。

“评述施达克那本论费尔巴哈的书”。

因而，恩格斯首先对当时的哲学思潮对马克思主义的攻击做出回应。“德国的古典哲学在国外，特别是在英国和斯堪的纳维亚各国，有某种复活。甚至在德国，各大学里借哲学名义来施舍的折中主义残羹剩汁，看来已叫人吃厌了。”[①]在这里，德国古典哲学的“复活”思潮，恩格斯所指的就是资产阶级哲学的代表新康德主义流派和新黑格尔主义者。他们对马克思主义的攻击和挑战，一方面表现为曲解和否定德国古典哲学的积极成果，企图以此来否定马克思主义对德国古典哲学的批判与继承；另一方面又表现为歪曲马克思主义哲学同德国古典哲学的关系，宣称马克思主义哲学只是黑格尔唯心主义辩证法和费尔巴哈机械唯物主义的“简单拼凑”。他们企图以此来否认马克思主义的科学价值，抹杀工人阶级和资产阶级世界观的根本区别，从而把工人运动引向改良主义的歧途。

具体而言，新康德主义是19世纪70年代到20世纪20年代在德国出现的一股哲学思潮，派别众

---

① 《马克思恩格斯选集》第4卷，人民出版社2012年版，第218页。

多，有以朗格等为代表的生理学学派，以柯亨、那托尔卜等为代表的马堡学派，以文德尔班、李凯尔特等为代表的巴登学派。新康德主义观点也不尽相同，但基本主张“只有回到康德的方法与精神上去，哲学才能成为一种科学”。新康德主义在康德关于本体界和现象界区分的基础上提出了事实世界和价值世界，突出强调和关注主体意志、主体情感。于《费尔巴哈论》而言，恩格斯提及的新康德主义主要是以朗格为代表的生理学派对唯物主义的观点。在朗格（《唯物主义史及其现代意义批判》）看来，唯物主义并不像唯心主义那样抽象且独断，它注重客观事实、尊重人的感性经验，对自然科学领域具有重要意义。在自然科学研究中，经验世界的精确性以及对感性世界的观察是首要的方法，“唯物主义的假设始终展现着最宏大的新发明之远景”[①]。同时，唯物主义作为“一种关于实在（现象）的学说”，能够破除对神学和形而上学的迷梦。但是，朗格也指出，唯物主义“大胆地欠考虑地把科学成果扩展到过去被神学和迷信所占据的领域中去

---

① 谢地坤：《西方哲学史》第7卷（上），人民出版社2011年版，第193页。

的活动”显得十分矫揉造作。[①]似乎，朗格对唯物主义的解释有些先扬后抑。但其实朗格依旧是站在唯心主义的角度看待唯物主义。朗格认为现代生理学证明了人的感觉是先天的，人的认识依赖于人类能动性对所选择的对象的把握。唯物主义把虚假的现象的现实性当作真正的现实性，才导致了逐利性和物欲性，真正的现实性是整个人类精神表征出来的现象。朗格把人类的思想创造（价值世界）和自然科学研究（事实世界）对立起来，尽管唯物主义是迄今为止关于实在论最充分的学说，但人们真正应该追求的是需要自己创造的理想世界。在《费尔巴哈论》中，除了回应新康德主义的挑战，还有英国的不可知论的复活。新康德主义倡导伦理价值而贬低唯物主义，发端于休谟的不可知论，直接挑战思维和存在的同一性问题。休谟及其后来者通过怀疑主义反对形而上学，通过理性来确认世界的客观性。但他们又通过理性否定了认识世界的可能性，否定了人的认识能力。怀疑主义导致的不可知论，否定了思维和存在的同一性，即认为思维并不能认

① L.W. 贝克：《新康德主义》，载《哲学译丛》1979 年第 5 期，第 64 页。

识存在，人所能掌握的仅仅是个别现象，而不是事物本质。不可知论是对马克思主义强调人对自然和社会的认知和改造能力的首要怀疑，恩格斯批评其为“在科学上就是倒开车”。不消说，《费尔巴哈论》回应唯心主义流派对马克思主义的误解，重要之处就是回击了那些认为科学社会主义没有哲学基础的错误理论。

除了应对新康德主义与新黑格尔主义对德国古典哲学的“复活”，《费尔巴哈论》更直接地是为了驳斥《路德维希·费尔巴哈》(1885年，丹麦哲学家卡·尼·施达克著）一书对德国古典哲学家费尔巴哈的误读。虽然施达克驳斥了那些对费尔巴哈诽谤和攻击的言论，但是并没有真正理解费尔巴哈哲学及其历史作用，认为费尔巴哈是唯心主义者。恩格斯对施达克的批判，既是对费尔巴哈哲学思想的历史继承，更是对马克思主义哲学核心要点的阐明。

卡·尼·施达克，出生于1858年，丹麦著名的哲学家和社会学家。1883年，施达克博士毕业，其博士学位论文就以费尔巴哈研究为主题。施达克虽以哲学研究为主，但其研究也包含了社会学、人类学、伦理学、公共政策等诸多领域。代表性著作除了《路德维希·费尔巴哈》(1885)，还有《道德的人生》(1894—1899)、《巴鲁赫·斯宾诺莎》(1921)、《原始家庭》(1888)等。[①]施达克在《路德维希·费尔巴哈》中对费尔巴哈哲学思想进行了述评。作为“狂热的唯心主义者”，施达克认为费尔巴哈也是一位唯心主义者。继承了德国庸俗的唯物主义观点，施达克认为“同情、爱以及对真理和正义的热诚”是一种理想的力量，而重视理想的作用就是唯心主义的主要特征。在施达克看来，唯物主义就是追求物欲和感官满足的一种思想，它主张人们“贪吃、酗酒、娱目、肉欲、虚荣、爱财、吝啬、贪婪、牟利、投机”等卑劣行为。因而，唯心主义就是高扬道德理想和追求美好社会道德的思想潮流。施达克错误地理解了唯物主义和唯心主义，从而对费尔巴哈的哲学做出错误批判。这一误解，不仅影响了人们对唯物主义和唯心主义的认识，还直接误导人们对费尔巴哈的理解，进而误解马克思主义哲学与德国古典哲学的关系。也正如恩格斯所

① 田毅松编著:《恩格斯〈路德维希·费尔巴哈和德国古典哲学的终结〉研究读本》，中央编译出版社2016年版，第15—16页。

言，这一现实情况构成了他写作《费尔巴哈论》的直接动因。

作为"实践的"唯物主义者来说，恩格斯写作《费尔巴哈论》也不仅仅是为了与唯心主义阵营里的教授们进行一场学院派的论战。恩格斯面对的还有，"像德国的拉萨尔派、英国的海德门派、法国的可能派（布鲁斯派）等机会主义者"以"朋友"的身份把虚构的机会主义理论宣布为正统马克思主义。[①]拉萨尔派思想的核心在于"铁的工资规律"。在资本主义生产中，劳动力作为商品实行自由流通。工资，作为劳动力价值的表现——价格，必然也会受到市场经济规律的作用。当工人的实际工资长期高于平均工资，工人收入增加，生活得到改善，就会刺激人口增长，增加劳动力供应，那么工资就会下降到平均工资以下。反之则相反，当工人实际工资长期低于平均工资，工人收入减少，生活恶化，人口增长则减缓，劳动力供应紧张，那么工人实际工资就会上升到平均工资以上。因而，拉萨尔认为工人实际工资围绕平均工资上下波动，且只能得到最低生

① 《马克思恩格斯全集》第 38 卷，人民出版社 1974 年版，第 136 页。

活水平的工资是一个“严酷的铁的规律”。看似拉萨尔的最低工资理论符合规律，但是它直接否定了资本主义社会工资的实质，否定了社会主义消灭剥削、消除两极分化的作用，消解了无产阶级革命的历史意义。伪装成马克思和恩格斯同路人的还有海德门派、法国的可能派。海德门等社会民主联盟反对在英国进行的社会主义革命运动，主张用立宪方式进行政治活动，其实质走的是宗派主义和机会主义路线。法国的可能派则以共产主义者自居，布鲁斯、拉夫勒等人主张在全世界推行集体所有制来反对资本主义私有制，却不进一步思考实现社会主义公有制的历史条件。这些在工人之间混淆视听的各派思潮，影响和阻碍了马克思主义在无产阶级运动中工人的理论学习和革命实践。基于这一政治背景，可见《费尔巴哈论》的历史价值举足轻重。

正确的东西总是在同错误的东西作斗争的过程中发展起来的。“恩格斯在批判错误思潮中发展马克思主义理论，为我们以科学的态度对待科学、以真理的精神追求真理树立了光辉的榜样。”[①]《费尔巴

① 张雷声：《恩格斯在批判错误思潮中发展马克思主义理论》，载《马克思主义理论学科研究》2020 年第 4 期。

哈论》是在马克思主义日益向远、向广传播发展，并遭遇把马克思主义看作黑格尔或费尔巴哈哲学的“特殊变种”的错误思潮的攻击中发表的。所以，《费尔巴哈论》在“阐明我们的见解”中包含了两条线路，一方面是对自身思想发展史的自觉梳理和对一系列敌对思潮的反驳，另一方面是鲜明阐述了马克思主义的一系列思想命题。完成对马克思主义错误理解的思潮的及时回应，是恩格斯必须要做的事。但是，《费尔巴哈论》的意义远远超过了这一任务。马克思和恩格斯最坚决地捍卫了历史唯物主义，《费尔巴哈论》也可谓宣传和发展马克思主义、保卫马克思主义的“及时雨”，“同《共产党宣言》一样，都是每个觉悟工人必读的书籍”①。

二、文献内容概要

从马克思主义对其哲学先驱们的学说做辩证扬弃的观点出发，《费尔巴哈论》全面地阐明马克思主义哲学实现的革命变革。1890 年 9 月，恩格斯给约·布洛赫的信中说：“我也可以向您指出我的

① 《列宁专题文集：论马克思主义》，人民出版社 2009 年版，第 67 页。

《欧根·杜林先生在科学中实行的变革》和《路德维希·费尔巴哈和德国古典哲学的终结》，我在这两部书里对历史唯物主义做了就我所知是目前最为详尽的阐述。”[①] 恩格斯对于他和马克思共同创造的革命理论的阶级立场进行正面声明：“在劳动发展史中找到了理解全部社会史的锁钥的新派别，一开始就主要是面向工人阶级的。”[②] 毫无疑问，马克思主义哲学是工人阶级的世界观，是认识世界和改造世界的行动指南，它鲜明的阶级立场彰显了大公无私的科学性和真理性。

在《费尔巴哈论》中，恩格斯揭示了德国古典哲学的阶级实质和黑格尔哲学的真实意义及革命性质，“正是在于它彻底否定了关于人的思维和行动的一切结果具有最终性质的看法”[③]。回顾黑格尔的哲学遗产，恩格斯对辩证法的科学方法进行了初步阐释，“这种方法的保守性是相对的，它的革命性质是绝对的——这就是辩证哲学所承认的唯一绝对

① 《马克思恩格斯选集》第 4 卷，人民出版社 2012 年版，第 606 页。
② 《马克思恩格斯选集》第 4 卷，人民出版社 2012 年版，第 265 页。
③ 《马克思恩格斯选集》第 4 卷，人民出版社 2012 年版，第 222 页。

的东西”[①]。另外，恩格斯说明了黑格尔哲学解体的历史过程。尽管费尔巴哈哲学一时鹊起——“它直截了当地使唯物主义重新登上王座”，但并没有批判地克服黑格尔哲学。恩格斯回顾了哲学史上唯物主义同唯心主义的对立，提出“全部哲学，特别是近代哲学的重大的基本问题，是思维和存在的关系问题”[②]的重要论断。在介绍费尔巴哈的唯物主义哲学中，恩格斯批评了施达克对费尔巴哈的错误理解，充分地表达了自己的唯物主义基本立场。同时，恩格斯揭开了费尔巴哈真正的唯心主义所在：“对抽象的人的崇拜，即费尔巴哈的新宗教的核心，必定会由关于现实的人及其历史发展的科学来代替。”[③]可见，“批判地克服黑格尔哲学”，完成“费尔巴哈没有走的一步”，正是马克思主义哲学必然要完成的历史任务。因此，立足于马克思主义哲学变革的重大意义，恩格斯阐述了马克思主义哲学产生的过程及其自然科学基础，阐述了历史发展的动力、经济基础和上层建筑的关系、人民群众是历史

① 《马克思恩格斯选集》第 4 卷，人民出版社 2012 年版，第 223 页。
② 《马克思恩格斯选集》第 4 卷，人民出版社 2012 年版，第 229 页。
③ 《马克思恩格斯选集》第 4 卷，人民出版社 2012 年版，第 247 页。

的创造者等历史唯物主义基本原理。

全书一开始是1888年单行本序言，恩格斯介绍了写作这本书的原因以及这本书的出版过程。在写作本书的时候，恩格斯感到德国古典哲学的残渣有再次泛起的趋势，将有可能误导人们正确认识马克思主义哲学的产生和发展过程。因而，《费尔巴哈论》是马克思主义如何继承和超越德国古典哲学的最直接的一次说明，内容精短却字字珠玑。

第一章，恩格斯首先在回顾黑格尔哲学遗产中，对辩证法的科学方法进行了初步阐释。黑格尔的哲学命题“凡是现实的就是合乎理性的，凡是合乎理性的就都是现实的”，在当时，被用来为保守的普鲁士专制制度辩护。现实的事物由于其合理性，必然发展为现存的事物；具有合理性的、现实的事物会在事物发展中成为现存的。但是，恩格斯敏锐察觉到这一命题当中所蕴含的革命性的因素：“由于黑格尔的辩证法本身，就转化为自己的反面：凡在人类历史领域中是现实的，随着时间的推移，都会成为不合理性的。”[1] 根据辩证法，现实的事物由

① 《马克思恩格斯选集》第4卷，人民出版社2012年版，第222页。

于合理性成为现存的事物，那么现存的事物在发展中将会丧失其合理性和现实性，就会消亡。因而，“凡是不合乎理性的就都不是现实的”。恩格斯在这里直接说明了黑格尔哲学的革命性质，正是在于这样的辩证法当中，彻底否定了关于人们思维和行动的一切结果具有最终性质的看法。历史同认识一样，永远不会在人类的一种完美的理想状态中最终结束，“一切依次更替的历史状态都只是人类社会由低级到高级的无穷发展进程中的暂时阶段”[①]。就如普鲁士政府，在一定历史时期它具有现实性和合理性。但是，随着历史发展，专制的普鲁士政府已经与人民站在对立面，失去了它的合理性和现实性，就应该被批判和灭亡。黑格尔的辩证哲学的革命性就在于推翻了一切关于最终的绝对真理和与之相应的人类社会状态的观念，从过程当中理解一切事物（包括其自身）。尽管黑格尔的哲学中蕴含着这样的革命因素，但是受到传统观念的束缚，黑格尔还是试图用一种永恒真理的哲学体系来统摄自己的哲学。黑格尔哲学的“革命的方面就被过分茂密

① 《马克思恩格斯选集》第 4 卷，人民出版社 2012 年版，第 223 页。

的保守的方面所窒息”，以至他的哲学最终止步于“绝对理念”的概念循环。马克思和恩格斯的进步之处就在于，否定了黑格尔哲学的保守方面的“绝对真理”概念演绎的追求，而“沿着实证科学和利用辩证思维对这些科学成果进行概括的途径去追求可以达到的相对真理”，从而走出了一条“走出这些体系的迷宫而达到真正的切实的认识世界的道路”①。

接下来，恩格斯回顾了黑格尔之后黑格尔派的分裂，在青年黑格尔派的斗争中，费尔巴哈横空出世。正如本文第一部分提及的，引发恩格斯写这本书的直接原因是施达克对于费尔巴哈的错误评价，因此在《费尔巴哈论》当中恩格斯用了很大的篇幅介绍费尔巴哈的哲学思想及其影响。在这里，费尔巴哈第一次出场，恩格斯就高度地评价费尔巴哈“直截了当地使唯物主义重新登上王座”，确认了自然界的客观实在性，确认了唯物主义的基本原则。人的存在，如自然界一样，是客观的，不以人的意志为转移，意识和概念都是人的物质性的体现。例

① 《马克思恩格斯选集》第 4 卷，人民出版社 2012 年版，第 226 页。

如宗教，不是神创造的，只是人在现实世界中的幻想。费尔巴哈破除了对“体系”的迷信，解放了思想，使当时的马克思和恩格斯都深受启发。唯物主义使辩证法“脚踏实地”：在黑格尔那里，事物的进程是由观念的进程决定的。马克思主义认为，观念的进程是由事物的进程决定的，思想的进程是由生活的进程决定的。唯物主义和辩证法对理解人类社会发展、理解社会主义发展具有重要意义。根本而言，人类社会发展的历史，不是一部纯粹的思想史、概念史，不是人的精神文明决定社会发展；相反，人类客观的劳动、人类的物质生产活动才是历史发展的基础。人类社会发展不是一成不变的，每一社会发展阶段有其必然性，也有其非必然性。在人类社会发展过程中，趋向于更高级、更合理的社会状态，那些与社会发展相对抗、相矛盾的因素必然会被消灭。恩格斯注意到费尔巴哈唯物主义的消极方面，在德国流行一时的“真正的社会主义”体现了这一点。“它以美文学的词句代替了科学的认识，主张靠‘爱’来实现人类的解放”，沉溺在“美文学和泛爱”的空谈之中。费尔巴哈在自然观上坚持了唯物主义，但是对于人类社会发展又陷入精神的泥淖，把社会发展和变革诉诸人性善良的愿望。原因在于，费尔巴哈从来没有真正地超越黑格尔的哲学，他只是简单地宣布黑格尔哲学是错误的，就将其抛在一边，没有从它的本来意义上“扬弃”它。批判地消灭黑格尔哲学的形式，救出通过这个形式获得的新内容，这就是马克思主义的历史任务。

第二章，恩格斯回顾了哲学史上唯物主义同唯心主义的对立，介绍了费尔巴哈的唯物主义，充分地表达了自己的唯物主义基本立场。在本章一开始，恩格斯就开门见山地说：“全部哲学，特别是近代哲学的重大的基本问题，是思维和存在的关系问题。”① 从人类本身发展的进程，恩格斯指出，思维和存在的关系问题一直存在，只是在不同时期具有不同的表现。原始社会中，人们在普遍愚昧的情况下，表现为对灵与肉关系的思考。早期这一问题的本质并没有被人所充分认识，只有当哲学发展到了近代社会，这个问题才得以被人们真正提出。根据哲学家对这个问题的回答，认为精神对自然界来说是本原的，组成了唯心主义阵营，而认为自然界是

① 《马克思恩格斯选集》第 4 卷，人民出版社 2012 年版，第 229 页。

本原的，则属于唯物主义阵营。思维与存在关系问题的另一个方面，是思维和存在的同一性问题，这一问题得到证实必须要把哲学从理论思辨转移到实践当中去。而近代的科学，特别是实验和工业的发展，已经证明了人类有能力正确地认识世界，不可知论已经破产。自然科学强大的工业进程，也推动了哲学思维的进程。具有时代精神代表的哲学，必然会对时代发展进行考量和观照。那种通过概念演绎的纯粹思辨哲学已不自觉加入了唯物主义因素。恩格斯批评了施达克对于费尔巴哈哲学的低估，在恩格斯看来，费尔巴哈是黑格尔主义者走向唯物主义发展进程的代表人物。随着实践的发展，哲学家们必然会认识到，“我们自己所属的物质的、可以感知的世界，是唯一现实的；而我们的意识和思维，不论它看起来是多么超感觉的，总是物质的、肉体的器官即人脑的产物。物质不是精神的产物，而精神本身只是物质的最高产物”[①]。这是费尔巴哈在唯物主义方面最杰出的贡献，但他也就止步于此了。

恩格斯也指出 18 世纪的唯物主义，也就是费

① 《马克思恩格斯选集》第 4 卷，人民出版社 2012 年版，第 234 页。

尔巴哈所知的唯物主义的局限性在于：一是机械唯物主义，仅仅运用力学的尺度来衡量自然界的运动过程；二是在于它将世界仅仅理解为一种固定的物质，而不是从发展的过程来理解世界，这一点不仅体现在自然观方面，同样体现在机械唯物主义的历史观上。恩格斯第一次提到近代社会具有决定性的三大发现——“细胞、能量转化和以达尔文命名的进化论”。18 世纪的唯物主义者之所以无法正确地理解世界，是受自然科学的发展所限。例如，由于对科学缺乏关注，直至 19 世纪的费尔巴哈也未能把握科学发现对人类思维发展的重大意义。这导致了费尔巴哈的唯物主义仅仅停留在自然界，而对于人类社会，即对于“历史科学和哲学科学的总和”的社会科学，并没有“同唯物主义的基础协调起来，并在这个基础上加以改造”。也就是说，在社会领域，费尔巴哈仍然是一个唯心主义者。施达克虽然也批评费尔巴哈是唯心主义者，但是他的论据是错的，在这一章的末尾，恩格斯揭露了这一点。

对哲学基本问题的概括，恩格斯对哲学的对象本身和哲学的一般历史发展的基本规律性提出了明确的马克思主义的理解。恩格斯揭示了世界哲学发展过程中的主要内在规律性，这种规律性就在于具有阶级的社会政治基础为唯物主义思潮和唯心主义思潮之间的斗争。在阶级社会，哲学具有阶级属性，这也就是后来列宁所提出的哲学中所具有的党性原则。在历史唯物主义的视域中，哲学的基本问题表现为社会存在和社会意识的关系问题，这根本上关乎世界观、历史观和价值观的一般表现。所以，关于哲学基本问题的提法和解决，关于世界的物质统一性问题，关于列宁的物质定义，关于哲学史科学的基本原则和哲学的党性原则问题，关于实事求是的思想路线等都应该有机地统一起来。

接续第二章结尾的问题，恩格斯在第三章具体论述了费尔巴哈何以并且在什么程度上是一个社会科学领域的唯心主义者。费尔巴哈的唯心主义首先体现在他的宗教哲学当中。在处理现实的人与人之间的关系的时候，费尔巴哈断言这些关系只有在“用宗教名义使之神圣化以后才会获得自己的完整的意义”[①]。也就是说，费尔巴哈虽然批判了基督教哲学，但归根结底他只不过是用新的、真正的宗教

① 《马克思恩格斯选集》第 4 卷，人民出版社 2012 年版，第 240 页。

来代替原有的基督教。正因为不能放弃宗教，所以费尔巴哈对历史的解读始终是从宗教和神学的角度而不是从现实的历史发展的角度。这种解读模式在宗教和神学作为统治地位的意识形态的中世纪可能是可行的，但是在资产阶级意识形态占主导的社会当中，“他那赞美新的爱的宗教的‘最美丽的篇章’现在已经不值得一读了”。而在伦理学那里，尽管在立场上，黑格尔的哲学是唯心主义的而费尔巴哈的哲学是唯物主义的，但是，黑格尔的法哲学形式是唯心主义，而内容是实在的。黑格尔关注的是现实的“法、经济、政治的全部领域”；费尔巴哈则恰恰相反，他的形式是实在论的，他把人作为出发点。但是，费尔巴哈所说的人是抽象的人，是脱离了所生活的、现实的、历史的人，是脱离了确定的世界里的人。所以，在费尔巴哈那里，人的交往，也不具有现实性。这就使得费尔巴哈的伦理概念仅仅是一些贫乏而空泛的、抽象的命题，他的道德是以每个人都无疑地是有这些满足欲望的手段和对象为前提，而从不考虑现实的人是否真的具备这些前提。这种理论路径同追求抽象权利的资产阶级的意识形态恰恰是相符合的。因此，恩格斯指出，费尔巴哈的道德是完全适合于现代资本主义社会的。费尔巴哈的理论有这样或者那样的缺点，但是他的理论还是提供了强大的推动力，使哲学家们要从费尔巴哈的抽象的人转到现实的、活生生的人，建立起关于现实的人及其历史发展的科学来代替。这就是马克思于1845年《神圣家族》开始的工作，把人作为在历史中行动的人去考察。因而，对于费尔巴哈与马克思和自己的思想关系，恩格斯毫不例外地坚持了批判性，这种批判性体现在对其合理性的肯定，对其不合理性的扬弃，这种批判性就是马克思主义的科学性和真理性之所在。

第四章，恩格斯总结了马克思主义哲学从以黑格尔哲学为代表的德国古典哲学当中所汲取的营养，总结了马克思主义哲学的基本观点和基本方法。马克思主义哲学是在黑格尔学派的解体过程中产生的，从黑格尔思辨哲学到费尔巴哈唯物主义哲学，是这一过程的起点。在理解自然界和历史在内的现实世界的时候，唯物主义按照它本身所呈现的那样来理解，抛弃一切唯心主义怪想。唯物主义的世界观必须彻底地运用到所研究的一切知识领域中去：在认识自然界方面，坚持唯物主义观点，就是要承认自然界客观性，承认物质世界的实在性，承认物质的固有属性和尺度是不以人的意识为转移的；在认识人类社会方面坚持唯物主义观点，即承认社会发展的客观性，承认社会发展的规律性，承认人的固有属性和尺度也是不以人的意识为转移的。在坚持唯物主义世界观的基础之上，黑格尔哲学的革命方面即辩证法被接过来了。唯物主义要求把我们头脑中的概念看作现实事物的反映，而不是把现实事物看作绝对概念的某一阶段的反映。头脑中的辩证法规律实际上是表现在自然界当中的不自觉的、以外部必然性的形式，在无穷无尽的表面的偶然性中实现的，是客观的辩证法规律在人们头脑中的自觉的反映。这种“颠倒”完成的同时也就恢复了黑格尔的辩证哲学的革命方面，其基本思想就是认为世界不是既成事物的集合体，而是过程的集合体。辩证思维的确立得出两个结论：其一，放弃追求那种最终解决和永恒真理的迷梦，认识到一切知识必然具有局限性，人们所获得的知识必然受到获取知识时所处的环境的制约；其二，认识到旧形而上学所不能克服的对立只有相对的意义。旧形而上学的思维方法主要是把事物当作一成不变的东西去研究，这实际上是当时的自然科学的研究状况的结果。当自然科学发展到“系统地研究这些事物在自然界中本身所发生的变化的时候”，哲学领域自然也就会从旧形而上学发展到辩证法。这种自然科学的革命主要是由三大发现所带来的，由于这三大发现和自然科学的其他巨大进步，我们现在不仅能够说明自然界中各个领域内的过程的联系，而且也能够说明各个领域之间的联系了，这样，根据自然科学提供的事实，以系统的形式对自然界进行清晰地描述，即进入辩证的考察阶段。换句话说，就是从过去对自然界进行个别的考察和收集资料阶段，进入对自然界进行系统研究和整理资料阶段。

辩证的考察方法使我们得以历史地看待自然界的发展过程，而这也适用于研究人类社会的科学。在过去，这些科学往往以哲学家们头脑中臆造的联系来代替现实的联系，把历史看作某个终极理念的实现。而马克思主义哲学要做的就是通过发现现实的联系来清除这种臆造的人为的联系，发现支配人类社会的一般规律。[①] 由于无数个单个愿望和单个

① 《马克思恩格斯选集》第 4 卷，人民出版社 2012 年版，第 253 页。

行动的冲突，在历史领域造成和自然界完全类似的力的相互作用的情况，表面上是偶然性在起作用的地方的内部始终受隐蔽着的规律所支配。自然界是如此，人类社会亦是如此。支配人类社会历史进程的一般规律，表现在许多个人按照不同方向活动的愿望及其对外部世界各种各样的作用的合力。恩格斯指出，现代历史发展的动力就是土地贵族、资产阶级和无产阶级三大阶级的斗争和利益冲突。为什么阶级对立是历史发展的动力呢？在现代，经济利益是人们行动的直接动机，政治权利不过是用来实现经济利益的手段，这一点可以从资产阶级和无产阶级的关系变化看出。生产力决定生产关系的原理在这里被恩格斯历史地说明了，生产过剩和大众的贫困，大工业时代所陷入的矛盾必然要求改变生产方式来使生产力摆脱桎梏。现代历史已经证明，一切政治斗争都是阶级斗争，而一切争取解放的阶级斗争，尽管它们必然地具有政治的形式，归根结底却都是围绕着经济解放进行的。经济基础决定上层建筑，在现代历史中，国家的意志总的来说是由市民社会的不断变化的需要，是由某个阶级的优势地位决定的。在现代社会中，国家都是反映了支配着生产者阶级的经济需要的集中形式。在过去的时代，由于物质生产水平低下，体现物质需要的因素在国家生活中尤为重要，所以国家在当时就更加是统治阶级意志的呈现。随着社会的发展，国家对社会来说具有了独立形式，被压迫阶级反对统治阶级的斗争首先表现为政治的斗争。所以，这种政治斗争其实是经济斗争决定的，只是被政治斗争形式掩盖了。在意识形态领域，国家的意识形态也会推波助澜地掩盖政治同经济事实的联系，在与社会经济直接联系的法律领域和政治领域即是如此。进而，更高的即更远离物质经济基础的意识形态，采取了哲学和宗教的形式，模糊了这种联系。恩格斯指出，人们头脑中发生的思想过程，归根到底是由人们的物质生活条件决定的。这一事实，对这些人来说必然是没有意识到的，否则，全部意识形态就完结了。[①] 在讨论经济基础与上层建筑的关系时，恩格斯特别提到费尔巴哈的问题之一就是过于看重宗教的作用。恩格斯指出，近代社会以来，宗教从中世纪到近代在欧洲社会的历史变化，不过是人们的

---

① 《马克思恩格斯选集》第4卷，人民出版社2012年版，第261页。

阶级关系（经济关系）的变化。可以说，这是恩格斯对唯物史观分析方法的一次实际运用的范例。

第四章的结尾，恩格斯简短地说明了本书的标题当中的“德国古典哲学的终结”，正如前面所说的，哲学和宗教一样，都是掩盖了自己的物质条件的意识形态的形式。当马克思主义真正发现了支配历史的规律，德国古典哲学这种头脑中臆想联系的意识形态自然就不再需要了——人们要做的仅仅是从事实中发现真正的联系。最后一部分恩格斯用分隔线同第四章隔开，这两段是恩格斯对于他和马克思共同创造的革命理论的阶级立场进行正面声明。科学越是毫无顾忌和大公无私，它就越是符合工人的利益和愿望。[①] 因为工人一无所有，所以他们才能真正突破意识形态的迷雾，发现历史的真正规律。因此，在劳动发展史中找到了理解全部社会史的锁钥的新派别，也就是马克思主义，一开始就是面向工人阶级的。所以，德国的工人运动就是德国古典哲学的继承者。

《费尔巴哈论》是恩格斯站在马克思主义基本

① 《马克思恩格斯选集》第 4 卷，人民出版社 2012 年版，第 264 页。

立场运用历史唯物主义的观点与方法回应反对派、误解派的正面宣言，是恩格斯捍卫、宣传和发展马克思主义哲学的典范。在经过130多年的历史沧桑后，已经现实地证明了它的重要性和历史意义，依旧值得我们精读、深读和常读。再读《费尔巴哈论》、再梳理《费尔巴哈论》的当前研究现状，对我们再阐述原著的经典思想、激活理论的再创新以及对现实再关注具有重大的理论与实践意义。在这里，联系思想政治教育的理论和实际，主要强调文本中恩格斯在对德国古典哲学的历史总结与对费尔巴哈和施达克的评判中所阐述的马克思主义实现的哲学变革的实质内涵，以及蕴含其中的恩格斯关于辩证法与真理观、唯物主义与唯心主义之争、宗教与道德等问题的基本观点。

学习恩格斯对德国古典哲学的历史评价，深刻理解马克思主义对黑格尔辩证法的积极扬弃。回顾德国古典哲学，恩格斯特别提到，即使黑格尔哲学解体了，人们也没有深入哲学大厦里面发现那些依旧保持充分价值的思想。

首先，恩格斯揭示了黑格尔哲学的真实意义："正是在于它彻底否定了关于人的思维和行动的一切结果具有最终性质的看法。”[①] 作为德国古典哲学的“宙斯”，黑格尔提出“凡是现实的就是合乎理性的，凡是合乎理性的就都是现实的”，这一论断被看作为保守的普鲁士专制制度辩护的“金句良言”——“绝对观念对同时代人的实践的政治的要求不可提得太高”[②]。恩格斯指出，在发展进程中，以前一切现实的东西都会成为不现实的，一切具有必然性和合理性的东西都会在运动中失去它的必然性和存在的权利，从而被更富有必然性和合理性的东西代替。正是在这样的辩证法当中，它彻底否定了关于人们思维和行动的一切结果具有最终性质的看法。历史同认识一样，永远不会在人类的一种完美的理想状态中最终结束。人类社会是由低级到高级无穷发展的，完美的社会和国家在现实中是不存在的，不同时代的更替也仅是这种历史状态的暂时阶段。马克思和恩格斯敏锐地察觉到了这一命题当中所蕴含的革命因素，直接表明黑格尔辩证法的历史意义：“这种观察方法的保守性是相对的，它的革命性质是绝对的——这就是辩证哲学所承认的唯

① 《马克思恩格斯选集》第 4 卷，人民出版社 2012 年版，第 222 页。
② 《马克思恩格斯选集》第 4 卷，人民出版社 2012 年版，第 224 页。

一绝对的东西。”[1] 恩格斯指出，“正如资产阶级依靠大工业、竞争和世界市场在实践中推翻了一切稳固的、历来受人尊崇的制度一样，这种辩证哲学推翻了一切关于最终的绝对真理和与之相应的绝对的人类状态的观念”[2]。人类社会的更替也遵循着辩证法，封建社会相对于奴隶社会是进步的，却被资产阶级社会所代替。资产阶级社会对生产力的极大促进，对物质文明和精神文明的极大丰富，对人的生存和发展条件的极大解放，是要比封建社会更先进的，因而它在继承封建社会的先进性中埋葬了封建社会。同样，资本主义社会在历史发展中也在不断丧失它的先进性，终将被更高的社会形态所代替。马克思和恩格斯将黑格尔哲学的保守方面，即对“绝对真理”的追求抛在一边，而“沿着实证科学和利用辩证思维对这些科学成果进行概括的途径去追求可以达到的相对真理”，从而走出了一条“走出这些体系的迷宫而达到真正地切实地认识世界的道路”[3]。

其次，恩格斯阐述了马克思主义哲学的唯物主

①② 《马克思恩格斯选集》第 4 卷，人民出版社 2012 年版，第 223 页。
③ 《马克思恩格斯选集》第 4 卷，人民出版社 2012 年版，第 223 页。

义基础。唯物主义世界观必须彻底地运用到所研究的一切知识领域中去，在理解包括自然界和历史在内的现实世界的时候，要按照其本身所呈现的那样来理解，抛弃一切唯心主义怪想。在坚持唯物主义世界观的基础上，黑格尔哲学的革命方面即辩证法被拯救了。唯物主义要求把我们头脑中的概念看作现实事物的反映，而不是把现实事物看作绝对概念的某一阶段的反映。“各个似乎稳定的事物同它们在我们头脑中的思想映象即概念一样都处在生成和灭亡的不断变化中。”①旧形而上学的方法主要是把事物当作一成不变的东西去研究，当自然科学发展到由研究个别事物到系统整理材料、发现联系的时候，哲学领域自然也就会从旧形而上学发展到辩证法。

再次，重要的是，恩格斯指出，这种辩证的考察方法不仅使我们得以历史地看待自然界的发展过程，而同样适用于研究人类社会的科学，即辩证的历史观。在过去，社会科学往往以哲学家们头脑中臆造的联系来代替现实的联系，把历史看作某个终极理念的实现。辩证的唯物主义历史观“应该通过

① 《马克思恩格斯选集》第 4 卷，人民出版社 2012 年版，第 250 页。

发现现实的联系来清除这种臆造的人为的联系；这一任务，归根到底，就是要发现那些作为支配规律在人类社会的历史上起作用的一般运动规律”[①]。支配人类社会历史进程的一般规律就表现在许多个人按照不同方向活动的意愿，及其对外部世界的各种各样的合力作用。因此，要发掘人类社会历史发展的一般规律，就必须弄清楚各种各样的动机背后的动力。旧唯物主义之所以不能解决这样的命题就是因为它在历史领域将人类活动的动机最终归结为精神的方面，而不从这些动力进一步追溯到物质的动因。最后，恩格斯指出发现历史进程的支配规律的途径就是首先要明确考察对象人群动机的属性——必须明确于个别的杰出人物的动机而言，广大群众、整个民族、整个阶级行动起来的动机才是核心的动机；必须明确这种阶级的动机属性，具有持久的、引起重大历史变迁属性——这才是历史前进的真正动机。

学习恩格斯关于哲学基本问题的概括，深刻理解辩证唯物主义世界观的自然科学基础。关于思维

① 《马克思恩格斯选集》第 4 卷，人民出版社 2012 年版，第 253 页。

与存在，精神与物质的关系问题，只有当哲学发展到了近代社会，才得以被人们明确认识。正如黑格尔在讲演哲学史中指出，其思想根源在于近代欧洲“人类发现了自然界和自己本身”。回顾历史，中世纪过后，通过文艺复兴和宗教改革，人类自身依靠理性和感性重新认识世界和人类自身。对于物质世界和人自身，不再依靠和屈从于教会的权威和世界的权威，而是要依靠自身的内在信仰、良心和道德来探求自身的存在方式。例如，17 世纪以后的“市民革命”，既是人们通过建立政治制度来确立主体自觉性的结果，也是主体自觉性确立的过程。新航路和新大陆向人们展示了“新世界”的存在，从哥白尼、伽利略到牛顿向人们展示了“科学革命”的奥秘和力量。在这种人和自然界的发现中，人类提高了自身精神的主体自觉性，在认识客观世界的进程中，也逐渐增强了对合理支配物质世界和人类自身存在方式的渴望。于是，如何理解人的精神的主体自觉性和客观世界及其规律性，如何理解人对于这个世界的理论的、实践的关系，即从根本上思考精神同自然界、人同世界的关系，以及如何把握它们的对立和统一，成为人们关注的重大问题，成为近代欧洲思想的基本课题。所以，恩格斯首次提出“全部哲学，特别是近代哲学的重大的基本问题，是思维和存在的关系问题”。根据哲学家们对这个问题的不同回答，将哲学流派分为唯心主义和唯物主义两大阵营。思维与存在关系问题的另一个方面，即思维和存在的同一性问题，对这一问题的回答是可知论与不可知论的界限。唯心主义认为，物质世界归根结底是观念的世界，人们所认识的物质世界是超越时空的范畴构成的世界，在自然界的始基之处存在着一种决定并支撑其存在的普遍精神。与此相反，唯物主义认为，物质世界是不依赖于精神世界而存在的，精神所具有的观念只不过是对物质世界的反映，精神本身以主体的物质生理过程的发展为基本根据。物质世界和精神世界的对立，是主体以认识论的角度对精神和自然界的关系进行考察为基础的。

恩格斯进一步指出，唯物主义和唯心主义的对立，还同精神和自然界本身的发展相关联。唯心主义从“精神是本原的”推导出神创造世界，但也是“归根到底承认某种创世说”；主张“自然界是本原的”唯物主义，建立在承认物质自然的客观实在性的基础上，建立在对物质世界进行科学研究所获得的成果上，建立在承认人诞生在精神的物质基础和自然界的历史之中。因而，恩格斯特别强调，唯心主义和唯物主义这一对立的界限问题，“自然界是本原的”唯物主义，包含了承认自然界的客观实在性、精神的物质根据和自然界的历史先行性等意思。苏联学者纳尔斯基指出，哲学基本问题的总结体现了“恩格斯的哲学史研究的方法论特点”：恩格斯把哲学思想史置于其自身辩证发展的矛盾中考察，哲学史既是一部认识史，也是某种阶级意识形态的世界观表现形式的更替史。[①] 因而，哲学的基本问题决定了哲学作为一门学科具有的一般性，阶级斗争影响了某个时代所能达到的对这一问题解决办法的性质。因而，这促使恩格斯能够用科学的方式阐明辩证法和唯物主义的各种变迁历史，从而也说明黑格尔和费尔巴哈的思想对于马克思主义真正的理论价值。

恩格斯批驳了怀疑和否定人认识世界的可能性的错误观点，指出对这一哲学怪论的“最令人

① 田毅松编著:《恩格斯〈路德维希・费尔巴哈和德国古典哲学的终结〉研究读本》，中央编译出版社 2016 年版，第 238 页。

信服的驳斥是实践，即实验和工业”。就如哥白尼提出的“日心说”，有力地打破了长期以来居于宗教统治地位的“地心说”，实现了天文学的根本变革。但事实上，直到1609年伽利略使用天文望远镜发现了一些可以支持日心说的新的天文现象后，这一学说才开始引起人们的关注。由于自然科学的其他巨大进步，我们现在不仅能够说明自然界中各个领域内的过程的联系，而且也能说明各个领域之间的联系了。根据自然科学提供的事实，我们就可以以系统的形式对自然界进行清晰地描述了。自然科学的进步为人类思维方式的转变提供了物质力量。恩格斯明确强调，从笛卡尔到黑格尔、从霍布斯到费尔巴哈，这一时期内的哲学发展，决不是由哲学家纯粹的思想力量推动的，“真正推动他们前进的，主要是自然科学和工业的强大而日益迅猛的进步”①。作为唯物主义者，这是一目了然的。但是，费尔巴哈唯物主义哲学以及施达克的批判都未能真正揭示“随着自然科学领域中每一个划时代的发现，唯物主义也必然要改变自己的形式”。恩格斯

① 《马克思恩格斯选集》第4卷，人民出版社2012年版，第233页。

认为，费尔巴哈坚持“物质不是精神的产物，而精神本身只是物质的最高产物”，这仅仅是纯粹的自然唯物主义思想。化学、生物学和植物学刚起步的18世纪是力学的时代，对思维与存在的关系问题的认识则表现为机械唯物主义。所以，18世纪唯物主义认为人是机器，同时把世界看作一个孤立的、静止的、固定不变的永恒整体。“这是同当时的自然科学状况以及与此相联系的形而上学的即反辩证法的哲学思维方法相适应的。”[①] 恩格斯分析了费尔巴哈止步不前的原因：与其说费尔巴哈在世时自然科学仅是在酝酿阶段，不应过分要求费尔巴哈唯物主义再多做贡献，不如说“这仍旧主要是由于他的孤寂生活”限制了他对问题的进一步深究。[②] 费尔巴哈是注重实践的、是喜欢广泛参与社会生活的，但他的唯物主义哲学在解释人类社会发展时依然是诉诸理性的自觉与人性的完满。最重要的原因在于，费尔巴哈忽略了他自身与社会的交往。在这里，恩格斯旨在说明马克思主义哲学产生的自然科学基础，充分地表达了自己的唯物主义基本立场，阐明

---

① 《马克思恩格斯选集》第4卷，人民出版社2012年版，第235页。
② 《马克思恩格斯选集》第4卷，人民出版社2012年版，第237页。

了自然科学的发展，特别指出三大发现——“细胞、能量转化和以达尔文命名的进化论”对辩证唯物主义的自然观和历史观的作用。“恩格斯反对不可知论的全部斗争，都充满了人道主义思想。”① 在恩格斯看来，对自然界和社会进行实践改造，应以人的需要、利益和幸福为宗旨。因而，真理的标准是实践，要求吸取人同世界的实践关系的经验教训，要求全面考察改造世界的能动的、创造性的活动。

学习恩格斯对费尔巴哈宗教和伦理学的批判，充分认识宗教和道德的历史性和阶级性。费尔巴哈“以美文学的词句代替了科学的认识，主张靠‘爱’来实现人类的解放”，沉溺在“美文学和泛爱”的空谈之中，是一个社会科学领域的唯心主义者，主要体现在宗教哲学和伦理学当中。在处理现实的人与人之间关系的时候，费尔巴哈断言这些关系只有在“用宗教名义使之神圣化以后才会获得自己的完整的意义”。费尔巴哈没有放弃宗教，所以，他对历史的解读始终是从宗教和神学的角度而不是从现实的历史发展的角度。这种解读模式在宗教和神学

① 田毅松编著：《恩格斯〈路德维希·费尔巴哈和德国古典哲学的终结〉研究读本》，中央编译出版社 2016 年版，第 234 页。

作为统治地位的意识形态的中世纪是可行的，但是在资产阶级意识形态占主导的社会当中，“他那赞美新的爱的宗教的‘最美丽的篇章’现在已经不值得一读了”[①]。而在伦理学方面，尽管在立场上，黑格尔的哲学是唯心主义的，但是黑格尔的法哲学内容是实在的，他关注现实的“法、经济、政治的全部领域”；费尔巴哈的哲学是唯物主义的，把人作为出发点，但是他所说的人仅仅是抽象的人，是脱离了生活现实的、历史的发生和历史确定的世界里的人。每个人都有能满足欲望、获得现实幸福的手段和能力是费尔巴哈道德的前提，而从不考虑现实的人是否真的具备这些前提。所以，费尔巴哈的伦理概念仅仅是一些贫乏而空泛的抽象命题。费尔巴哈的道德的理论路径同追求抽象权利的资产阶级的意识形态恰恰是相符合的，是完全适合于现代资本主义社会的。道德具有历史性，不同历史时代有着不同的道德。在阶级社会中，道德具有阶级性，不同的阶级有不同的道德。“费尔巴哈的道德论是和

---

① 《马克思恩格斯选集》第 4 卷，人民出版社 2012 年版，第 242 页。

它的一切前驱者一样的。”[①] 费尔巴哈的道德哲学是为资产阶级社会所匹配的，对于新唯物主义或者新世界观而言，这种道德哲学是没有作用的。恩格斯指出，在现实生活中，每一个阶级，甚至是每一个行业都拥有各自的道德。道德受物质利益和社会秩序的制约，如果违反某种道德不被惩罚的话，那么这种道德就会被破坏。道德的历史性和阶级性都根源于它对经济基础的绝对依赖性，在资本主义社会的历史中，本应把一切人都联合起来的爱，却表现为战争、争吵、诉讼、家庭纠纷、离婚等，更重要的是这些所有凌乱的现象都内在于一些人对另一些人的尽可能的剥削关系中。所以，在阶级分化日益尖锐的资本主义社会，费尔巴哈企图用宗教之爱整合社会的矛盾冲突，是与康德的绝对命令一样软弱无力的。

学习恩格斯关于新世界观创立的历史必然，充分掌握历史唯物主义揭示社会发展一般规律的基本内涵。运用辩证的方法考察人类历史发展的动力，首先，恩格斯指出，经济基础决定上层建筑。现代

---

① 《马克思恩格斯选集》第 4 卷，人民出版社 2012 年版，第 246—247 页。

历史的发展动力就是土地贵族、资产阶级和无产阶级这三大阶级的斗争和它们的利益冲突。在现代，生产过剩和大众的贫困，使得工业时代需要不断通过改变生产方式来摆脱生产力的桎梏。经济利益是人们行动的直接动机，政治权力不过是用来实现经济利益的手段。现代历史已经证明，一切政治斗争都是阶级斗争，而一切争取解放的阶级斗争，尽管它们必然地具有政治的形式，归根结底都是围绕着经济解放进行的。其次，社会意识具有多样性、复杂性、隐蔽性。恩格斯指出，在现代历史中，国家的意志是由市民社会的不断变化的需要决定的，是由某个阶级的优势地位决定的，是由生产力和交换关系的发展决定的。但是，经过了物质匮乏的过去，国家具有了独立的意识形式，被压迫阶级反对统治阶级的斗争进行的政治斗争同它的经济基础的联系的认识轻易地被政治斗争的形式所掩盖。在意识形态领域，法律、政治、宗教、哲学同自己的物质存在条件的联系就也更加模糊了。恩格斯具体分析了宗教从中世纪到近代，对于欧洲社会的历史过程中的变化作用，指出宗教的变化是由造成这种变化的人们的阶级关系即经济关系引起的。这是恩格斯实际运用唯物史观分析社会意识形式的典型范例。“任何社会为人普遍接受的道德观观点，都深受那个社会的生产方式及其主导地位的阶级利益的制约。”[①]——这就是马克思和马克思主义破除迷信的方面，把道德视为意识形态。正如前面所说的，哲学和宗教一样，都是掩盖了自己的物质条件的意识形态的形式。当马克思主义真正发现了支配历史的规律，哲学这种头脑中臆想联系的意识形态自然就不再需要了，人们要做的仅仅是从事实中发现真正的联系。

从思想政治教育视野研读《费尔巴哈论》，既要深刻理解文本呈现的基本原理，又要掌握贯穿其中的基本方法；同时，要体会文本孕育的基本立场和价值选择，更重要的是深入挖掘文本的当代价值，为思想政治教育理论和实践注入不可或缺的、取之不尽、用之不竭的思想活水。

知“原理”，学“方法”。辩证唯物主义世界观要求我们在理解自然界和人类社会的时候，按照它本身所呈现的，而不是按照头脑中的臆想去理解。

---

① ［加］尼·凯尔森：《马克思主义与道德观念：道德、意识形态和历史唯物主义》，李义天译，人民出版社 2014 年版，第 1 页。

尽管黑格尔哲学中蕴含着辩证的革命因素，但是受到传统观念与阶级实质的束缚，黑格尔仅在观念的辩证法中循环，试图用一种永恒真理的哲学体系来统摄自己的哲学，没有在现实中把握历史发展的潮流和趋势，以为“在实践上也一定达到了能够在现实中实现这个绝对观念的地步”，让其哲学的“革命的方面就被过分茂密的保守的方面所窒息”，以致他的哲学最终止步于此，导致“彻底革命的思维方法竟产生了极其温和的政治结论”。对现实的关注，用实践的方式解读世界及人类历史的发展，是马克思主义哲学探究问题的转向。世界的统一性，在于其物质性。千变万化的世界是客观的，人可以思绪万千，却也不能改变世界的运动。辩证唯物主义符合人类思维的客观规律，包含了对整个世界的宏观把握。辩证唯物主义指引意识按照世界的本真面貌认识世界，实事求是地走出困惑、改变世界，以实现主观与客观、理论与实践的具体的历史的统一。在关于哲学基本问题以及对施达克的错误理解的批判中，我们要注意恩格斯提到的使用唯物主义与唯心主义这一对立范畴的界限。费尔巴哈“直截了当地使唯物主义重新登上王座”，却未能理解唯物主义的一般世界观在特定历史阶段有其特殊的表现；施达克把对理想目的和理想意图的追求、对真理和正义的热忱等同于唯心主义，把唯物主义肤浅化、庸俗化。恩格斯强调："关于人类（至少在现时）总的说来是沿着进步方向运动的这种信念，是同唯物主义和唯心主义的对立绝对不相干的。"[①]长时间以来，人们似乎只要谈及思维的问题就是唯心主义，而只要承认世界的物质性就是马克思主义的。甚至认为凡是唯物主义的，一定是先进的、科学的；凡是唯心主义的，一定是落后的、腐朽的。在恩格斯那里，尽管黑格尔的哲学是唯心主义的，但由于他的理论内在蕴含的合理性，黑格尔也远远地超过了18世纪的机械唯物主义，在伦理学上也超出了费尔巴哈的唯物主义。可见，进行科学的评价必须按照事物本身所呈现的状态。具体到理论实践当中，就是要规避"贴标签"的方法，拒绝以"标签"代替具体现实考察和理论探究这样一种偷懒的方式。马克思主义哲学的历史任务就是使哲学家们要从费尔巴哈的抽象的人转到现实的、活生生

① 《马克思恩格斯选集》第4卷，人民出版社2012年版，第238—239页。

的人，建立起关于现实的人及其历史发展的真正的科学。

思想政治教育实践活动作为人类实践的一种方式，是为己修身、向善向上的活动。不同于纯粹反映自然规律的自然科学知识，教育理论绝不是抽离教育实践的抽象知识，其价值和意义就在于关注对人思想的塑造和行为的培养，使受教育者在理论的启发引导下，正确地思考人生价值和意义，积极地把握人生。思想政治教育要引导受教育者，运用获得的理论知识在生活实践中进行正确的价值选择，进而在现实生活中不断完善自我，不断实现自我期待。人处于自然环境、社会环境和精神环境之中，因此，思想政治教育总是与一定的环境联系在一起，并形成互动关系。“与思想政治教育相关的社会存在就是思想政治教育的社会环境，它不仅决定着人们的思想品德的形成和发展，也决定着思想政治教育活动的运行。”[①]18 世纪机械唯物主义提出，“人是机器”，环境决定人的成长和发展，却忽视了被环境改变的受教育者同时也改变着环境。思想政

① 张耀灿等:《现代思想政治教育学》，人民出版社 2001 年版，第 236 页。

治教育实践要求教育者要融入生命体验，用自己的生命体验与受教育者进行心与心的交流，春风化雨，摒弃枯燥的说教，实现教育双方的有效互动。现代社会环境对人们主观世界的影响越来越复杂和突出，唯物主义的世界观绝不是仅仅关注受教育者的客观环境，而不重视教育双方本身在实践教育活动中的主体性。在思想政治教育这一实践活动中，教育者和受教育者必然是用生命去温暖生命，用生命去呵护生命，用生命去启迪生命。这样的思想政治教育才能在实践中取得事半功倍的效果。

思想政治教育作为一种社会实践活动，它普遍存在于阶级社会的一切国家和一切历史发展阶段。不论各个国家或不同历史时期对它的称谓如何不同，它都是不以人们的意志为转移的客观现象。恩格斯在《费尔巴哈论》中关于道德问题的论述，阐明了道德的历史性和阶级性，揭示了道德的本质和作用，是加强社会主义道德建设的重要理论依据。道德作为上层建筑的重要组成部分，总是取决于又服务于一定的经济基础。在阶级社会中，它总是具有鲜明的阶级性。在现实中，存在一个显而易见的事实，除非我们可以做某事，否则，说我们应当做某事就是毫无意义的。如果一群人在某个特定时代不能做一些与他们实际所作所为不相同的事情，那么，说他们应当做这件事，或是说他们应当做其他的事，就几乎没有意义。因此，我们要批判一切超阶级的道德论，坚持道德具有历史性、阶级性的马克思主义观点。当前，必须依据我国社会主义经济基础的状况及其发展要求，在全体社会成员中树立和践行社会主义核心价值观，倡导共产主义道德；必须在批判继承人类历史上一切优秀道德传统的同时，坚决抵制和清除拜金主义、享乐主义等形形色色的剥削阶级腐朽道德观念的影响，特别是识破将资产阶级价值观附上普世价值观外衣的思想意识。以普世价值掩盖多元标准，将价值性知识包装成真理性知识，试图将价值原则和真理原则相混淆，反映了垄断资本的利益和意志。唯物史观指出，在一个时代占主导地位的道德观念是由这个时代的生产方式决定和制约的。我们不会因为更清楚地知道了道德对我们提出怎样的要求或一个好的社会可以被设计成什么样子，就将改变这个世界。但是，如果我们中有人能够对一种更好的社会是何模样有更充分的理解，那就可以助我们更好地关注我们的斗争方向。

而马克思主义则为我们提供了这一更有效的途径。

思想政治教育方法，承担着传递教育内容、实现教育目标的使命，是教育者对受教育者所采取的思想方法和工作方法。《费尔巴哈论》体现了马克思主义辩证的、阶级的、历史的分析思维，为发展思想政治教育实践方法提供了哲学基础。辩证法的革命意义最重要的就在于它破除了旧形而上学对“终极理想”的迷信，任何事物都是处于生成发展和灭亡的变化过程之中。从这种过程的视角来观察世界，我们就会理解为什么一切知识必然具有局限性，也能够理解矛盾和对立只有相对的意义。对辩证法的解读一般侧重于矛盾和发展的观点，而忽略了恩格斯所强调的辩证法的首要的含义，即将事物的发展看作过程的集合体。尽管理论上，我们已经认识到事物是无限发展的，但是这种侧重点的偏差导致了在实践中容易犯旧形而上学的错误。例如，把共产主义社会的理想当作一个不变的“终极理想”“绝对真理”，把现实的无产阶级运动和社会主义革命、建设与改革的实践理解为向这一“终极理想”无限接近的过程。这一理解路径实际上与恩格斯所表达的理念背道而驰，不论是共产主义理想，或是社会主义实践，抑或是马克思主义理论本身，都必须以一种过程的观点来理解。如果将其视为不变的事物的集合体，则变成了教条，就等于放弃了辩证法这一科学方法的本质。对共产主义社会理想的认识必然会随着世界社会主义运动而不断丰富，同时应注意这一理想在不同的历史阶段所展现的历史具体。经典作家为我们提供了一般的理论视角，这要求每一历史时期的人们必须做出新的发展。在思想政治教育中，教育者应重视受教育者本身的认识特点，根据时代的发展而不断学习和掌握新事物，用好新科技、新方法。“问题意识是思想政治教育研究者必须具备的重要素质。”[①] 伴随智能手机兴起的新兴校园媒体——高校微信公众平台，不仅为高校新闻宣传和生活服务提供了新的媒介和平台，还为高校思想政治教育提供了新的渠道，具有宣传示范、舆论引导、教育服务和互动交流等基本功能。信息时代瞬息万变，随着全球化的不断深化，与西方发达国家的联系更加紧密，外来文化对我国尤其是青年一代的影响也不断加深，人们思想

① 王学俭编著:《现代思想政治教育前沿问题研究》，人民出版社 2008 年版，第 1 页。

活动的独立性、选择性、多变性日益增强。科学的思想政治教育方法是保证思想政治教育有效的关键，对人们的理想信念、价值取向、社会责任等教育必须创新和优化其形式以反映时代变化的要求。坚持辩证的思维方法，在思想政治教育实践中推进理论灌输、实践锻炼、自我教育、榜样示范等基本方法的创新运用和有效开展。

察“情境”，立“信仰”。《费尔巴哈论》是进一步澄清马克思主义理论来源的“旗手”，也是系统阐明辩证唯物主义和历史唯物主义原理的战斗武器，更是国际无产阶级的行动纲领。这是恩格斯面对新康德主义和新黑格尔主义等一切反对派对马克思主义哲学的歪曲和攻击的最佳“亮剑”。在《费尔巴哈论》中，恩格斯针对他和马克思共同创造的革命理论的阶级立场进行正面声明：科学越是毫无顾忌和大公无私，它就越是符合工人的利益和愿望。恩格斯鲜明地指出了马克思主义的基本立场：“在劳动发展史中找到了理解全部社会史的锁钥的新派别，一开始就主要是面向工人阶级的。”[①] 毫无

---

① 《马克思恩格斯选集》第 4 卷，人民出版社 2012 年版，第 265 页。

疑问，马克思主义哲学是工人阶级的世界观，是认识世界和改造世界的行动指南。它鲜明的阶级立场彰显了大公无私的科学性和真理性。马克思主义之所以代表无产阶级的利益，并不仅仅出于马克思和恩格斯对无产阶级的同情和怜悯。恩格斯在《费尔巴哈论》当中表达得很清楚，并不是马克思主义选择了无产阶级，而是无产阶级自觉地选择了马克思主义。因为和无产阶级相对立的资产阶级，基于他们的经济关系，必然信奉的是蒙蔽了真实的资产阶级意识形态，自然也不会接受揭露社会本质规律的马克思主义。而无产阶级正因为一无所有，所以才有能力去发现历史的真实的支配规律，而不会被资产阶级的意识形态所蒙蔽。在今天，使我们感到紧迫的是，随着资本主义社会的不断改革和转型，资本主义社会意识形态的统治模式也变得越来越隐蔽，它俘获的不仅仅是有产者，今天的无产阶级同样受到资本主义意识形态的蒙蔽。在这种情况下，需要考虑的是，马克思主义如何发挥它的阶级立场来唤醒工人的阶级意识，而如何引导青年正确看待当代资本主义新变化，则是思想政治教育工作必然要回应的一个重要问题。

在《费尔巴哈论》中，恩格斯关于他和马克思共同工作40年的伟大友谊进行了说明：“我所提供的，马克思没有我也能够做到，至多有几个专门的领域除外。至于马克思所做到的，我却做不到。马克思是天才，我们至多是能手。”他指出，共同创造的新哲学“这个理论用他（马克思）的名字命名是理所当然的”[①]。恩格斯是谦逊的，“这种高尚品格和对马克思的忠贞不渝的精神，既是他毕生活动的历史事实的生动写照，也是马克思主义研究者努力学习的崇高风范和光辉榜样”[②]。马克思的逝世对无产阶级革命事业是一个重大损失，对亲密的战友恩格斯也是一个重大打击。恩格斯与马克思并肩作战近半个世纪，他们有着伟大的才华与智慧，他们高尚的人格和为共产主义事业奋斗终生的理想信念值得每一个人学习。“中国青年始终是实现中华民族伟大复兴的先锋力量。”[③]习近平指出，“全党要关心

① 《马克思恩格斯选集》第4卷，人民出版社2012年版，第248页。
② 朱传棨：《恩格斯哲学思想研究论稿》，人民出版社2012年版，第115页。
③ 国务院新闻办公室：《新时代的中国青年》白皮书，2022年4月21日。

和爱护青年，为他们实现人生出彩搭建舞台”[①]。思想政治教育要重视培养面向未来、改变社会现状、推进社会发展的一代又一代新人，必须用共产主义的伟大理想引领当代青年的价值选择，宣传和发扬马克思主义的科学真理和人文关怀。

从思想政治教育视域深入研读《费尔巴哈论》所蕴含的关于世界观、人生观和价值观的思想资源，对进一步深化思想政治教育基础理论，提升思想政治教育话语权意识，拓宽思想政治教育工作的视野，构建我国思想政治教育的理论和方法具有重要的理论和实践意义。2016 年 12 月，在全国高校思想政治工作会议上，习近平指出：“高校思想政治工作实际上是一个解疑释惑的过程。”[②] 2019 年 3 月 18 日，在全国学校思想政治理论课教师座谈会上，习近平强调思想政治理论课是落实立德树人根本任务的关键课程。[③] 青少年阶段是“拔节孕穗期”，思想政治理论课重在用习近平新时代中国特色社会

① 《习近平谈治国理政》第 3 卷，外文出版社 2020 年版，第 10 页。

② 参见：http://jhsjk.people.cn/article/28993285.

③ 参见：https://m.thepaper.cn/baijiahao_9052593.

主义思想铸魂育人。从宏观方面来看，思想政治教育要为社会主义事业培养人，培养社会主义建设者和接班人；从微观方面而言，思想政治教育是树德育人、为学生传播真理知识、传达真善美的课堂。因此，高校思想政治工作“要以解惑为契机，促进学生思想进步和健康成长，也提升自身的亲和力、针对性和实效性”①。

辩证的真理观认为，真理不是一成不变的教条，而是在人的不断发展的认识活动中不断发展的；在实践上，社会也不是永恒不变的，人类社会是在不断更替的实践中得到更新的。“中国特色社会主义进入新时代，在中华人民共和国发展史上、中华民族发展史上具有重大意义，在世界社会主义发展史、人类社会发展史也具有重要意义。”②恩格斯指出，德国的工人运动是德国古典哲学的继承者，这一运动的全部理论就是马克思主义。这启迪我们，思想政治教育必须围绕新时代中国特色社会主义建设的伟大工程，坚持马克思主义，正确认识世界和

---

① 刘建军：《习近平对高校思想政治工作解惑功能的全面阐述》，载《思想理论导刊》2017 年第 10 期。

② 《习近平谈治国理政》第 3 卷，外文出版社 2020 年版，第 55 页。

中国发展大势，正确认识中国特色和国际比较；必须牢牢把握思想政治教育树德立人的目标，培育和践行社会主义核心价值观，树立共产主义远大理想和中国特色社会主义共同理想，正确认识时代责任和历史使命，正确认识远大抱负和脚踏实地。

三、研究范式

《费尔巴哈论》是马克思主义理论的重要文献之一，130 多年过去了，对国际工人运动、马克思主义传播和发展产生了深刻影响。总的来看，国内外针对《费尔巴哈论》的理论研究，除了时代变迁所带来的不同认知，东西方之间、马克思主义哲学与各种社会思潮之间的博弈等也有着各自不同的思考和解读。

（一）西方学者的"贬低论"

从马克思和恩格斯思想对立或差异的角度出发，西方学者对《费尔巴哈论》的关注和研究是非常广泛的。当乔治·李希特海姆（1961 年《马克思主义：历史的和批判的研究》）、诺曼·莱文（1975 年《悲剧性的骗局：马克思与恩格斯的对立》）、特雷尔·卡弗（1983 年《马克思与恩格斯：学术思想关系》）等学者将马克思、恩格斯之间的对立作为20世纪的一项重要发现而加以论证时，开始于19世纪末、20世纪初贬低恩格斯的“马恩对立论”终于成为西方马克思主义研究的“显学”。[①]在这一思潮的影响下，西方学者对《费尔巴哈论》的研究和评价基本是持否定和批判态度的。20世纪末以来，“马恩对立论”逐渐走向“相对温和”的状态，对《费尔巴哈论》的认识也改变了之前的极端否定。例如，在《恩格斯传》中，麦克莱伦一方面阐释马克思和恩格斯思想的差异性，另一方面也强调了恩格斯的历史贡献。[②]美国J.D.Hunley和S.H.Rigby[③]、法国米歇尔·罗伊[④]、德国汉斯·迪特尔·克劳泽、

---

① 从德国实证主义者巴尔特到19世纪末的新康德主义、新黑格尔主义者，再到修正主义伯恩斯坦，和卢卡奇、柯尔施、法兰克福学派施密特、阿多诺等西方马克思主义者，以及南斯拉夫实践派马尔科维奇、彼得洛维奇、弗兰尼茨基，新实证主义沃尔佩等都指责恩格斯《反杜林论》《费尔巴哈论》等著作中的哲学思想，逐渐形成了“马恩对立论”的思潮。

② ［英］戴维·麦克莱伦：《恩格斯传》，臧峰宇译，中国人民大学出版社2017年版，第108页。

③ J.D.Hunley, “The Life and Thought of Friedrich Engels: a Reinterpretation” . S.H.Rigby, “Engels and the formation of Marxism: History” , *Dialects and Revolution*.

④ 林进平主编：《马克思主义综论II》（《马克思主义研究资料》第24卷），中央编译出版社2014年版，第380页。

雷纳特·梅尔克尔[①]等研究者，肯定了《费尔巴哈论》对马克思主义哲学的重要作用，对“马恩对立论”观点提出不同看法。

另外，西方学者大都以寻找“马恩对立论”的文本证据来研究《费尔巴哈论》中的具体问题，基本涉及马克思与黑格尔以及费尔巴哈的关系、哲学的基本问题、马克思主义实践观、马克思和恩格斯的关系、马克思主义哲学体系化、恩格斯辩证法思想等问题。例如，西方马克思主义卢卡奇、法兰克福学派的弗洛姆、施密特，南斯拉夫实践派哲学家彼得洛维奇、米凯增、马尔科维奇等对恩格斯的“实践观”进行批评和责难。卡弗[②]、莱文[③]、卡尔·巴列斯特雷姆[④]、麦克莱伦[⑤]等都对《费尔巴哈论》中的某些观点提出反对意见。

---

① 李百玲主编:《经典作家著作研究 IV》(《马克思主义研究资料》第14卷)，中央编译出版社 2015 年版，第 425 页。

② [美]特雷尔·卡弗:《马克思与恩格斯: 学术思想关系》，姜海波等译，中国人民大学出版社 2016 年版。

③ 林进平主编:《马克思主义综论 II》(《马克思主义研究资料》第 24 卷)，中央编译出版社 2014 年版，第 342 页。

④ 林进平主编:《马克思主义综论 II》(《马克思主义研究资料》第 24 卷)，中央编译出版社 2014 年版，第 295 页。

⑤ 林进平主编:《马克思主义综论 II》(《马克思主义研究资料》第 24 卷)，中央编译出版社 2014 年版，第 148—149 页。

（二）苏联学界的“肯定论”

2005年10月，“纪念恩格斯逝世110周年国际学术研讨会”在武汉召开，学者巴加图利亚总结了恩格斯对马克思主义理论的贡献：“在恩格斯的理论遗产里蕴藏着在社会本身进一步发展的基础上和全人类认识和知识的基础上进一步发展马克思主义的前提条件”，他说，“必须指出马克思和恩格斯在观点上的基本一致，同时他们之间也有分工，存在着一种互补原则”[①]。在面对西方学者制造的马恩对立论的观点面前，苏联马克思主义学者坚定不移地维护恩格斯与马克思的关系，坚持把恩格斯的哲学思想作为马克思主义哲学的有机组成部分，认为恩格斯不仅是马克思主义哲学的创始人之一，而且是马克思主义哲学的主要阐释者。因此，对于《费尔巴哈论》的评价和认识是积极肯定的，特别表现在一些关于恩格斯的传记中。普列汉诺夫在《马克思主义的基本问题》中指出，“在恩格斯的《费尔巴哈和德国古典哲学的终结》这本出色的小册子里，对构成马克思主义哲学基础的观点，也以肯定的形

---

① 林进平主编：《马克思主义综论 II》（《马克思主义研究资料》第24卷），中央编译出版社2014年版，第134、122页。

式阐发过了”[①]。海因里希·格姆科夫、列·伊利切夫、叶·斯捷潘诺娃等苏联学者都肯定了《费尔巴哈论》在马克思主义发展史中的重要作用。凯德洛夫从哲学的基本问题、奥伊泽尔曼从哲学的变革意义等方面肯定了恩格斯的哲学贡献。

（三）国内研究状况

在国内，《费尔巴哈论》的翻译出版也是比较早的。1919 年 10 月，由林超真翻译的《费尔巴哈论》在上海沪滨书局出版的《宗教·哲学·社会主义》（第 141—212 页）出版。之后彭嘉生、杨东莼、宁敦武、青骊等翻译的不同版本的《费尔巴哈论》陆续出版。[②]1937 年，上海生活书店出版张仲实翻译的《费尔巴哈论》，1949 年、1967 年又进行再版发行，社会反响比较大，大大帮助了人们对马克思主

---

① 《普列汉诺夫哲学著作选集》第 3 卷，生活·读书·新知三联书店 1962 年版，第 136—137 页。

② 1929 年 12 月，上海南强书局出版彭嘉生翻译的《费尔巴哈论》；1932 年 5 月，上海昆仑书店出版杨东莼、宁敦武翻译的《机械论的唯物论批判》（即《路德维希·费尔巴哈和德国古典哲学的终结》）；1932 年 11 月，上海社会主义研究社出版由青骊翻译的英汉对照版本的《费尔巴哈论》。

义哲学的学习和理解。[①]

结合文本发表的历史背景和现实原因，国内学者在阐述马克思主义发展史以及在撰写恩格斯的个人传记时，均鲜明地指出这一基本观点：恩格斯在《费尔巴哈论》中全面论证了马克思主义哲学同德国古典哲学的关系，联系哲学的变革，对历史唯物主义的基本原理做了阐明和科学概述，对工人运动和马克思主义的宣传和发展有着重要的作用；[②]坚持主张恩格斯对马克思主义创立和发展的重大贡献，马克思和恩格斯的思想是一致的，批判否定了西方“马恩对立论”的主要观点，也深入分析了这一思潮的表现和实质。[③]梅林在论述历史唯物主义原理的时候就多处引用了恩格斯《费尔巴哈论》中

---

① 邱少明：《民国马克思主义经典著作翻译史》（1912至1949年），南京航空航天大学博士论文2011年。

② 黄楠森主编：《马克思主义哲学史》（1998年版）；顾海良主编：《马克思主义发展史》（2007年版）；萧灼基：《恩格斯传》（2008年版）；朱传棨：《恩格斯哲学思想研究论稿》（2012年版）。

③ 许崇温：《保卫唯物辩证法》（1980年版）；徐琳、唐源昌主编：《恩格斯与现时代——兼评“西方马克思主义”和西方“马克思学”》（1994年版）；余其铨：《恩格斯哲学与现时代——评“新马克思主义”对恩格斯的责难》（1998年版）；胡大平：《回到恩格斯——文本、理论和解读政治学》（2010年版）；吴家华等：《马克思恩格斯思想比较研究》（2015年版）。

的阐释。[①] 在“西方马克思主义”“西方马克思学”等思潮的影响下，传统马克思主义哲学的理解受到了挑战。长时期以来，受苏联哲学影响，马克思主义是辩证唯物主义和历史唯物主义的提法可以说是国内学者的基本共识。20 世纪 80 年代中期以后，多数人主张把辩证唯物主义理解为马克思主义哲学的总的世界观或一般世界观，以及辩证唯物主义的自然观、认识论、历史观的“一体三维”式。20 世纪 90 年代以来，马克思主义哲学理论教科书在内容和形式上有了新改变，但从总体上看，对马克思主义哲学的理解占主导地位的基本方式，依旧是“辩证唯物主义”或“辩证唯物主义和历史唯物主义”。

以黄楠森为代表的学者坚定地站在“辩证唯物主义”的立场上，坚持恩格斯与马克思主义哲学关系的一致性，并对各种“对立论”的思潮提出了反驳，比如针对阿尔都塞提出的“合力论”提出质疑。[②] 与前者不同的是，在对传统的“辩证唯物主

① 梅林：《保卫马克思主义》，吉洪译，人民出版社 1982 年版，第 3、16、25、277 页。

② 聂世明：《如何理解历史发展的合力》，载《郑州大学学报》（哲学社会科学版）1984 年第 4 期；余其铨：《恩格斯哲学与现时代——评“新马克思主义”对恩格斯的责难》（1998 年版），第 69—70 页。

义”理解方式提出质疑，并形成对马克思主义哲学本质的“超越论”“实践本体论”“人道主义”“主体性”等理解时，高清海[①]、丛大川[②]、朱宝信[③]、俞吾金[④]等学者，对恩格斯在《费尔巴哈论》中的哲学基本问题、马克思恩格斯关系等提出了不同意见，尝试对马克思主义哲学做新的解释。

“历史唯物主义”“马恩对立论”等一系列的学术争鸣与“回到马克思”的学术努力密切相关。关于马克思主义哲学形成与发展的基本路径方面若无法达成共识，理解马克思主义、发展马克思主义必然呈现不同意蕴，使马克思主义的形象呈现各种各样的面貌。因此，在国内对《费尔巴哈论》的写作背景、基本思想、文本内容及影响的研究中，学者也较为重视国外研究状况，在回应不同阶段的学术争鸣中，力图建立自己的理论逻辑与反思路径。

---

① 高清海:《当代视野中马克思主义哲学》(《哲学思维方式的历史性转变》)，苏州大学出版社 1999 年版，第 495 页。

② 丛大川:《辩证体系：马克思与列宁》，载《云南社会科学》1995 年第 2 期。

③ 朱宝信:《从实践唯物主义看辩证法》，载《理论探讨》1995 年第 4 期。

④ 俞吾金:《重新理解马克思：对马克思哲学的基础理论和当代意义的反思》，北京师范大学出版社 2005 年版。

四、焦点问题

西方马克思主义者结合《费尔巴哈论》对马克思主义哲学性质、对象、结构和功能的讨论，其实是对马克思主义哲学体系问题的发难，认为马克思主义哲学是形而上学本体论，或者反辩证法的机械唯物主义，不得不说是带有攻击和意识形态色彩的。当然，克服教条主义、创造性地发展马克思主义哲学，是完全需要对基本原理、范畴的现实性和历史局限性进行广泛讨论和深入研究的。20 世纪末，国内学术界关于马克思主义哲学体系的结构、表述和功能等问题的讨论，就是一个鲜明的例子。不论是坚定地站在辩证唯物主义立场，坚持恩格斯与马克思主义哲学关系的一致性观点，还是重在马克思恩格斯的思想差异，对辩证唯物主义理解方式提出新质疑，关于《费尔巴哈论》的文本和思想研究，学者基本从主要的焦点问题出发，以小见大地产生了学术争鸣，并在反思苏联哲学和批判西方马克思主义中尝试建构中国马克思主义哲学研究的新范式。

（一）“马克思与恩格斯的关系问题”研究

恩格斯在《费尔巴哈论》中关于他和马克思共同工作40年的伟大友谊进行了说明：“马克思所做到的，我却做不到。马克思是天才，我们至多是能手。”他指出，共同创造的新哲学“这个理论用他（马克思）的名字命名是理所当然的”①。恩格斯是谦逊的，“这种高尚品格和对马克思的忠贞不渝的精神，既是他毕生活动的历史事实的生动写照，也是对‘马克思和恩格斯对立论’的最有力的批驳。同时，也是马克思主义研究者努力学习的崇高风范和光辉榜样”②。其实，“恩格斯从来也不仅仅是马克思的解释者和助手——不论是在马克思生前或死后，始终一样——而是独立工作的合作者，虽然不能和马克思相等，但足以和他相比”③。马克思的逝世对无产阶级革命事业是一个重大损失，对亲密的战友恩格斯也是一个重大打击。恩格斯对马克思的赞美和维护是不用言表的，在写给李卜克内西的信中，

① 《马克思恩格斯选集》第4卷，人民出版社2012年版，第248页。
② 朱传棨：《恩格斯哲学思想研究论稿》，人民出版社2012年版，第115页。
③ ［德］梅林：《保卫马克思主义》，吉洪译，人民出版社1982年版，第295页。

他说："虽然今天晚上我看到他仰卧在床上，面孔已经僵硬，但是我仍然不能想象，这个天才的头脑不再用他那强有力的思想来哺育新旧大陆的无产阶级运动了。我们之所以有今天的一切，都应当归功于他；现代运动当前所取得的一切成就，都应归功于他的理论活动和实践活动；没有他，我们至今还会在黑暗中徘徊。"[①] 虽然，恩格斯与马克思并肩作战近半个世纪，他们有着共同的理想信念，有着伟大的才华与智慧，但是在马克思主义的发展和研究中，马克思与恩格斯的关系问题一直是一个重大争论。其中，马克思与恩格斯对立的观点就是一个典型。

"马恩对立论"由来已久。[②] 在马克思主义诞生之初，德国实证主义者巴尔特就提出了马克思和恩格斯观点矛盾的观点，认为马克思只承认纯粹生产、技术的决定作用，是一个技术决定论者；恩格斯却到处扩张经济结构的概念，背离了马克思的观

① 《马克思恩格斯选集》第 4 卷，人民出版社 2012 年版，第 558 页。

② 徐琳、唐源昌主编：《恩格斯与现时代——兼评"西方马克思主义"和西方"马克思学"》，中国人民公安大学出版社 1994 年版，第 1—7 页。

点，是一个经济决定论者。对于巴尔特的诘难，恩格斯仅把他看作一个“末流律师”的戏谑。19 世纪末，当新康德主义、新黑格尔主义者攻击马克思恩格斯哲学思想时，伯恩斯坦也歪曲恩格斯，制造马克思、恩格斯观点的分歧，指责恩格斯在《费尔巴哈论》中对唯物主义和唯心主义所下的定义不具有确切性。20 世纪 20—30 年代，受无产阶级革命在俄国的胜利和欧洲的回落影响，匈牙利、波兰等共产党人把第二国际的理论上的错误根源归罪于恩格斯，否定自然辩证法，用黑格尔主义精神诠释马克思主义哲学。“二战”后，世界社会主义运动出现高潮，西方出现了研究马克思和恩格斯热，许多西方学者对马克思、恩格斯进行比较研究，提出恩格斯导致了斯大林的教条主义哲学体系。另外，许多西方学者借研究马克思《1844 年经济学哲学手稿》中的异化理论，提出马克思的哲学是人本主义哲学，而恩格斯则是自然主义、机械主义，从而把马克思和恩格斯哲学观点对立起来，使早期的马克思和晚年的恩格斯对立。20 世纪 70 年代以后，西方马克思主义的研究热点，就是渲染马克思、恩格斯的对立，贬低恩格斯的理论贡献。围绕这一论题，出版了大量的著作。1972 年，联邦德国出版《马克思主义、共产主义与西方社会》8 卷本，其中对恩格斯的专章论述中歪曲了恩格斯的哲学思想，特别是恩格斯晚年思想。1975 年，弗里德里克出版了《对马克思的背叛》，提出《反杜林论》和《自然辩证法》是对马克思的背叛。诺曼·莱文是当代美国著名的马克思主义研究者，他以极端的“马克思恩格斯对立论”立场而闻名。1975 年，在《可悲的骗局：马克思反对恩格斯》中，莱文指出马克思与恩格斯在自然观、历史观、认识论和革命策略方面，理论观点都是对立的。20 世纪 80 年代以后，有的西方学者从马克思与恩格斯的对立研究，发展到所谓的两种马克思主义的对立。1980 年出版的古尔德纳的著作《两种马克思主义》，认为由于马克思主义内部的人道主义本质和科学主义的本质矛盾冲突，分化而产生了两种马克思主义。1981 年，雅可比在《失败的辩证法》中，从黑格尔学说中的矛盾，寻找两种马克思主义的根源，说明两种马克思主义的对立是必要的。

揭开学术争论的历史面纱，我们可以看到“马恩对立论”与 20 世纪以来的西方社会思潮，存在着根本关联。在一定意义上，是西方资本主义文明危机的折射，反映了古典理性主义的衰落和现代非理性主义的发展。正如佩里·安德森指出的，“事实上，西方马克思主义是以对恩格斯的哲学遗产发生决定性的双重批驳而开始的，——这种批驳是由柯尔施和卢卡奇分别在《马克思主义与哲学》和《历史与阶级意识》两书中进行的”[①]。安德森进一步总结道，从萨特到科莱蒂，从阿尔都塞到马尔库塞，几乎所有西方马克思主义思潮都反对恩格斯后来的著作。然而必须注意的是，一旦恩格斯的贡献被认为不值一顾，马克思哲学本身的局限性就显得更加明显了。所以，在欧洲思潮范围内求助于更早的哲学权威对马克思哲学加以补充的各流派，其实在理论上退到了马克思以前。梅林也指出理论斗争的实质，“哲学是阶级斗争的思想意识伴随现象，是人们在其中意识到这一斗争，并在其中把这斗争进行到底的那些思想意识形式之一”[②]。只有阶级斗

① ［英］佩里·安德森:《西方马克思主义探讨》，人民出版社 1981 年版，第 78 页。

② ［德］梅林:《保卫马克思主义》，吉洪译，人民出版社 1982 年版，第 191 页。

争的历史，才能阐明似乎完全不可看清的各种哲学体系的大混乱；只有在阶级斗争的视域中，才能把千奇百态的哲学体系划分开来、归出类别。也如列宁所说："马克思主义的发展、马克思主义思想在工人阶级中的传播和扎根，必然使资产阶级对马克思主义的这种攻击更加频繁，更加剧烈。"[①] 资产阶级反对马克思主义哲学的一个显著特点，就是极力诋毁和歪曲恩格斯的哲学贡献，制造马克思和恩格斯的对立，以贬低恩格斯在马克思主义哲学史上的地位和作用，从而达到否定整个马克思主义哲学的目的。显然，这有着深刻的社会政治背景和意识形态原因。[②]

基于《费尔巴哈论》，研究马克思与恩格斯的关系问题，基本上也是肯定与否定两大主要观点。其一，以我国和苏联学者为主要代表，积极肯定恩格斯对马克思主义哲学的重大贡献，否定制造马恩对立的观点，在为恩格斯与马克思辩护中指出，从马

---

① 《列宁专题文集：论马克思主义》，人民出版社 2009 年版，第 148 页。

② 徐琳、唐源昌主编：《恩格斯与现时代——兼评"西方马克思主义"和西方"马克思学"》，中国人民公安大学出版社 1994 年版，第 1—3 页。

克思主义哲学的创立到科学理论体系的构建，从科学原理的提出到不断地精确、深化和完善，从基本原则的制定到社会实践的运用和发展，从新世界观的产生到与各种社会思潮的斗争，每前进一步都离不开恩格斯的辛勤劳动和创造性贡献。在《费尔巴哈论》中，恩格斯批判地阐述了黑格尔哲学和费尔巴哈哲学的历史意义与局限性，“系统地总结了马克思主义哲学产生和发展的经验，全面阐述了辩证唯物主义与历史唯物主义的基本理论，揭示了马克思主义哲学的伟大革命意义”[①]。《费尔巴哈论》是阐述历史唯物主义的重要著作，是“科学地总结马克思和恩格斯哲学领域四十年斗争的结果”[②]，“使全世界的社会主义者识别自己队伍中拥护唯心主义世界观的人，并且同他们展开斗争，使国际工人革命运动具有这样的觉悟水平，即懂得工人阶级、科学世界观和革命的阶级政党三者组成了一个不可分割的

---

① 黄楠森主编:《马克思主义哲学史》，高等教育出版社 1998 年版，第 134 页。

② 中国人民大学马列主义发展史研究所:《马克思恩格斯思想史》，上海人民出版社 1982 年版，第 538 页。

统一体”[①]。因此，“这是一部科学共产主义的卓越著作”[②]，是“学习马克思主义哲学最好的教材”[③]。

其二，国外研究中关于马恩对立的观点，有学者从“西方马克思主义视域”“西方马克思学”“另辟蹊径”等三个方面进行了总结，指出在西方马克思主义视域中“马恩对立论”以“恩格斯篡改了马克思的思想”为主要观点。例如，伯恩斯坦、克罗齐以及以卢卡奇为始的西方马克思主义中包括梅洛·庞蒂、萨特等众流派；在马克思学的阵营中主要认为对于马克思主义理论而言，恩格斯才是主导，例如希特海姆、阿维内里、诺曼·莱文、特雷尔·卡弗、广松涉等。[④]“马恩对立论”实质是争辩马克思和恩格斯对于马克思主义理论本身的张力问题的探讨，从而对于马克思主义理论的正统性提出质疑或否定。

---

① ［苏］海因里希·格姆科夫等:《恩格斯传》，易廷镇、侯焕良译，生活·读书·新知三联书店 1975 年版，第 468 页。

② ［苏］列·伊利切夫等:《弗里德里希·恩格斯》，人民出版社 1984 年版，第 502 页。

③ 李世坤:《学习马克思主义哲学的最好教材——〈费尔巴哈论〉解读》，载《高校理论战线》2006 年 8 月。

④ 田毅松编著:《恩格斯〈路德维希·费尔巴哈和德国古典哲学的终结〉研究读本》，中央编译出版社 2016 年版，第 3—8 页。

撇开具体的学术流派，从具体问题来看，“马恩对立论”主要责难恩格斯思想的两个方面。首先，表现在认为恩格斯歪曲马克思思想，在把马克思主义系统化的过程中存有教条化的嫌疑；其次，表现在否定恩格斯的自然辩证法思想。例如，西德学者卡尔·巴列斯特雷姆等认为恩格斯在把马克思主义发展为包罗万象的、僵硬的体系中起了“决定性”作用。[①]诺曼·莱文在《可悲的骗局：马克思反对恩格斯》中，从哲学、历史学、经济学、政治学以及思想方法和革命策略等方面，制造马克思和恩格斯的对立，这是西方新马克思主义者中对恩格斯的最为激烈、最为严厉和最为全面的攻击和责难。就《费尔巴哈论》，莱文指出，恩格斯把唯物主义解说为精神是物质的产物，在认识论方面主张“摹写论”，而这与力图克服主体与客体之间的绝对分割的黑格尔派的马克思在认识论方面是完全不同的。[②]除却莱文，卡弗的批判体现在高扬马克思以贬低恩

① 林进平主编：《马克思主义综论 II》(《马克思主义研究资料》第 24 卷)，中央编译出版社 2014 年版，第 295 页。

② 林进平主编：《马克思主义综论 II》(《马克思主义研究资料》第 24 卷)，中央编译出版社 2014 年版，第 342 页。

格斯。一方面，卡弗指出，恩格斯以马克思主义理论家的才华弥补了此前综合的以及有充分根据的世界观的权威，成为其晚期著作的真正失误，将自己在早期著作中呈现出的在政治和历史方面的实证精神消解了。对于恩格斯写于1883年之后的著作的知识的了解，“这种唯物主义在很大程度上是为马克思所不知的”①。另一方面，卡弗又指出“作为体系化的哲学家，恩格斯将马克思著作置于一种哲学的和学术的语境，衍生出作为普世方法论的哲学意蕴，有将马克思的著作退回到哲学传统、历史学和经济学的学术范式的趋势”②。而这主要是由于恩格斯没有接受多少正规的高等教育，缺乏像马克思那样在区分人类实践的专业学术作品中显示出来的怀疑主义精神。法兰克福学派施密特在《马克思的自然观》中，把恩格斯阐述的自然辩证法说成是非辩证的形而上学。在《费尔巴哈论》中，根据恩格斯在谈到在自然界中全是不自觉的盲目的动力时所说

① ［美］特雷尔·卡弗：《马克思与恩格斯：学术思想关系》，姜海波、王贵贤等译，中国人民大学出版社2016年版，第146页。
② ［美］特雷尔·卡弗：《马克思与恩格斯：学术思想关系》，姜海波、王贵贤等译，中国人民大学出版社2016年版，第145页。

的“如果我们把人对自然界的反作用撇开不谈”一语，施密特认为恩格斯“有意撇开不谈人对自然界的反作用”，忽略了自然脉络关系中那种叫作社会劳动的某种形式的相互作用的现象。针对施密特的指责，许崇温指出，“通过社会发展史和自然发展史的对比，来说明在自然界中和在社会历史领域内活动的，是两种不同的动力，它丝毫也不意味着恩格斯在自然辩证法的研究中，有意撇开不谈人对自然界的反作用”①。不得不说，施密特的观点存在断章取义之嫌，恩格斯在《费尔巴哈论》中，在批评黑格尔的唯心主义历史观和旧唯物主义历史观的过程中，对自然规律和历史规律做出了十分详尽的系统论述，并指出了二者的根本区别：“在自然界中（如果我们把人对自然界的反作用撇开不谈）全是没有意识的、盲目的动力”；相反，与自然界相比，“在社会历史领域内进行活动的，是具有意识的、经过思虑或凭激情行动的、追求某种目的的人”②。在《自然辩证法》导言中，恩格斯指出，动物的“生产对周围自然界的作用在自然界面前只等于零。

---

① 许崇温：《保卫唯物辩证法》，人民出版社 1980 年版，第 209 页。

② 《马克思恩格斯选集》第 4 卷，人民出版社 2012 年版，第 253 页。

只有人能够做到给自然界打上自己的印记，因为他们不仅迁移动植物，而且也改变了他们的居住地的面貌、气候，甚至还改变了动植物本身，以致他们活动的结果只能和地球的普遍灭亡一起消失”[①]。恩格斯分析自然辩证法的最终目的仍然是想证明，辩证法的适用范围不仅仅局限在自然科学领域，而是应该拓展至整个社会历史乃至人的思维领域。由于自然辩证法强调了自然的客观实在性，因此，当将这种方法应用至社会历史领域时，也应该从社会现实出发。也就是说，社会历史领域中的各种现象应该是具体的历史唯物主义的，“历史哲学、法哲学、宗教哲学等等”不能再次成为唯心主义者的玄想和臆造，而是应该“在事变中去证实的现实的联系”。在社会历史领域，“也完全像在自然领域里一样，应该通过发现现实的联系来清除这种臆造的人为的联系；这一任务，归根到底，就是要发现那些作为支配规律在人类社会的历史上起作用的一般运动规律”[②]。恩格斯注重自然辩证法的研究的最终目的或许就在于此。只有在社会历史领域发现了客观

---

① 《马克思恩格斯选集》第 3 卷，人民出版社 2012 年版，第 859 页。
② 《马克思恩格斯选集》第 4 卷，人民出版社 2012 年版，第 253 页。

规律，找到了唯物主义基础，那么它才能作为无产阶级指导思想引导他们最终“找到理解全部社会史的钥匙”，正是在这种意义上，恩格斯才会认为唯物主义和唯心主义的区别、辩证法的合理使用不单单是一个理论问题，更是一个社会实践问题。

其三，与积极肯定和极端否定恩格斯思想的前两者相比，后来的研究中侧重于一种具体的分析模式。在国内研究中，学者基本认同“马恩对立论”是带有偏见的，在承认马克思、恩格斯之间存在着一定理论差异的前提下，坚持马克思和恩格斯的哲学思想在本质上是相同的。马克思、恩格斯各自独特的理论个性和对于外部世界的不同的探索方式，“并没有导致两人理论的根本对立，相反，正是这种差异性，为他们在理论建树上的卓越合作奠定了基础”①。吴家华等通过比较研究马克思、恩格斯的自然观、历史观和辩证法思想，揭示马克思、恩格斯哲学思想的“同中之异”和“异中之同”。另外，对于恩格斯在《费尔巴哈论》中对他和马克思关系的看法，麦克莱伦认为恩格斯有些“过于谦虚”，

---

① 吴家华等:《马克思恩格斯思想比较研究》，中国人民大学出版社2015年版，第109页。

并推测了两个原因：一是正如恩格斯所言，他确实在马克思职业生涯开始的阶段对马克思产生了决定性影响；二是恩格斯总是强调一种稍微不同的观点，尤其在马克思逝世后，这一点得到了凸显。麦克莱伦说道："当恩格斯形成对马克思主义的解释之后，在某种程度上与马克思自己的观点是有些差别的。"① 麦克莱伦主张马克思和恩格斯思想的差异性，认为恩格斯哲学思想的庸俗化与苏联教科书式的马克思主义是有一定联系的，"恩格斯对马克思主义最突出的贡献是对一种具有潜在科学性的马克思主义'哲学'的系统化"②，而其中《费尔巴哈论》就是一部必不可少的著作。但是，他也指出，"这些思考不应以任何方式减弱我们对恩格斯为社会主义运动所做出的巨大贡献的赞赏"③。美国学者 J.D.Hunley 以及 S.H.Rigby 等新一代研究者，也大多怀着同情来研究恩格斯，认为对立论者提出的"马

① ［英］戴维·麦克莱伦：《恩格斯传》，臧峰宇译，中国人民大学出版社 2017 年版，第 99 页。
② ［英］戴维·麦克莱伦：《恩格斯传》，臧峰宇译，中国人民大学出版社 2017 年版，第 77 页。
③ ［英］戴维·麦克莱伦：《恩格斯传》，臧峰宇译，中国人民大学出版社 2017 年版，第 108 页。

克思是几乎完美的人道主义者，而恩格斯是几乎纯粹的实证主义者和决定论者”的观点是“片面的”。[①] 法国学者米歇尔·罗伊赞美恩格斯是“最迷人和最激励人心的思想家和组织者”。德国学者汉斯·迪特尔·克劳泽、雷纳特·梅尔克尔也都肯定了《费尔巴哈论》对马克思主义哲学的重要作用。[②]

总的来说，我们必须承认，恩格斯在包含《费尔巴哈论》等一系列重要著作中，对马克思主义哲学的自然观、历史观以及关于思维及其规律的学说，做了深入系统的论证，为马克思主义哲学奠定了基础。“可以说，没有恩格斯在其著作中表述的哲学观点和方法，就不可能有系统的马克思主义哲学。”[③] 也正如部分学者指出的那样，绝大多数强调马克思和恩格斯对立的学者多是由于缺乏对马克思主义哲学史的系统把握而产生的错觉。[④] 不过，纵

---

① 林进平主编:《马克思主义综论 II》(《马克思主义研究资料》第 24 卷)，中央编译出版社 2014 年版，第 380 页。

② 李百玲主编:《经典作家著作研究 IV》(《马克思主义研究资料》第 14 卷)，中央编译出版社 2015 年版，第 425 页。

③ 徐琳、唐源昌主编:《恩格斯与现时代——兼评“西方马克思主义”和西方“马克思学”》，中国人民公安大学出版社 1994 年版，第 1—2 页。

④ 马拥军:《评对恩格斯哲学思想的三大误解》，载《马克思主义研究》2006 年 12 月。

然说，“马恩对立论”多重在极力诋毁和歪曲恩格斯的哲学贡献，从而达到否定整个马克思主义哲学的目的，但也不得不说这一思潮促进了对《费尔巴哈论》所蕴含的马克思主义哲学基本观点的研究和理解。当然，我们也不允许在马克思的招牌下，把我们的思想再退回到马克思、恩格斯以前去。正如梅林所说的：“每个人都有自由随他们所愿来看待马克思，但反对马克思的人不应该装作赞同他……我们也要赞美马克思将被超越，就像黑格尔和李嘉图被超越了那样的那一天，但是，从马克思回到任何人那里去，这就是回到无知无识的泥淖去。”①

（二）“哲学的基本问题”研究

“全部哲学，特别是近代哲学的重大的基本问题，是思维和存在的关系问题。”② 在总结人类认识发展史的基础上，恩格斯第一次提出了哲学的基本问题并给出了精练的概括。根据恩格斯的论述，哲学基本问题概述为思维和存在的关系问题，其包含两个层面的内容：一方面是思维与存在何者为第一

---

① ［德］梅林：《保卫马克思主义》，吉洪译，人民出版社 1982 年版，第 301 页。

② 《马克思恩格斯选集》第 4 卷，人民出版社 2012 年版，第 229 页。

性的问题，从而区分唯心主义与唯物主义；另一方面是思维与存在如何同一的问题，从而区分可知论与不可知论。恩格斯关于哲学基本问题的理论对包括东欧在内的西方马克思主义、苏联和中国哲学界产生了广泛而持久的影响。

（1）西方马克思主义的责难。在国外的研究中，西方的“新马克思主义”者对恩格斯关于哲学基本问题的论述，从形式到内容都采取完全否定的态度。西方“新马克思主义”者认为马克思主义哲学的出发点不是物质世界而是人本身，或者是人的实践活动，思维与存在的关系问题不是哲学的基本问题。相反，他们把“实践问题”“人的作用问题”“人的地位问题”规定为哲学基本问题。法兰克福学派的弗洛姆、施密特，南斯拉夫实践派哲学家彼得洛维奇、米凯增、马尔科维奇等都对恩格斯的理论进行批评和责难。[①] 法兰克福学派重要代表弗洛姆在《马克思关于人的概念》（1966）中提出把物质和精神规定谁为第一性的论断是认识的形而上学问题，马克思并不关心这些问题。他根据马克思在

① 余其铨：《恩格斯哲学与现时代——评“新马克思主义”对恩格斯的责难》，广西师范大学出版社 1998 年版，第 110 页。

《1844年经济学哲学手稿》中“我们在这里看到，彻底的自然主义或人道主义，既不同于唯心主义，也不同于唯物主义，同时又是把这二者结合起来的真理。我们同时也看到，只有自然主义能够理解世界历史的行动”的论述[①]，认为马克思的哲学既不是唯心主义也不是唯物主义，而是人本主义和自然主义的结合。施密特认为恩格斯对哲学基本问题的概括是不科学的，是形而上学的，认为恩格斯把思维与存在对立起来，并将实践同主体的抽象活动混为一谈。同时，施密特认为唯物主义的真正对象不是物质的抽象，而是社会实践的具体性，将实践作为世界统一性的前提和基础，因此把实践问题看作哲学的基本问题。南斯拉夫实践派彼得洛维奇、米凯增、马尔科维奇等认为人的问题应该成为哲学的基本问题，并认为马克思的中心课题是人在世界上的地位问题。西方学者借否定哲学的基本问题，从而制造马克思和恩格斯的对立。

（2）回应与反思。恩格斯为了捍卫唯物主义历史观而反驳恩斯特等“青年派”分子时曾说：“对

① 《马克思恩格斯文集》第1卷，人民出版社2009年版，第209页。

德国青年作者（还不只是德国的）来说，‘唯物主义的’这个概念只是一个术语，一种词句，他们把这种词句运用到一切事物、现象上去，而不下功夫对它们进行深入的、全面的、具体的研究。”[①] 实际上，人们对唯心主义的理解同样没有做到深入、全面和具体。梅林在《论历史唯物主义》中提到，恩格斯在《费尔巴哈论》中的论述充分说明了恩格斯与马克思达到了对历史唯物主义之最高理解。而且，梅林在分析历史唯物主义的过程中提到了如何理解个体意识与历史规律之间的辩证关系问题。他指出，历史唯物主义是一种研究人类社会发展的科学方法，但是历史在表面上是完全体现个体意志的偶然事件组成，但不管是自然界、人类社会甚至是人的思想和意志，本质上都贯穿着“一种普遍的运动规律”，而“支配着无意识的自然界的盲目偶然事件”仅仅是一种表象。[②] 因而梅林说：“历史唯物主义完全不否认观念力量，只不过要把它追究到

① ［苏］戈尔什科娃著：《恩格斯在十九世纪九十年代捍卫历史唯物主义的斗争》，载《马列著作编译资料》第 4 辑，人民出版社 1979 年版，第 40 页。

② ［德］梅林：《保卫马克思主义》，吉洪译，人民出版社 1982 年版，第 3—4、25—26 页。

底，要弄明白观念是从那里吸取力量的。”[①]

哲学基本问题是哲学史上一个古老的问题，也是现代哲学中的一个核心问题。面对批评与否定的观点，国内学者的主要观点是赞成并积极维护恩格斯对哲学基本问题的这一概述：思维和存在的关系问题，是哲学家们探索世界的本源和认识世界的基本问题，是任何一个哲学体系都回避不了的问题，决定了哲学的发展趋势和方向，并决定着对其他哲学问题的解决方式。例如，余其铨在《恩格斯哲学与现时代——评“新马克思主义”对恩格斯的责难》一书的第6章中集中论述了关于哲学基本问题的学术争论，对西方“新马克思主义”者和恩格斯的根本分歧进行了较为深入的分析。[②]通过对哲学基本问题的科学规定、历史考察及恩格斯对哲学基本问题的贡献的详细阐述，余其铨指出，“恩格斯关于哲学基本问题的规定是不能被否定的，这个原理提出一百多年来，哲学的斗争和发展完全证明

---

① ［德］梅林：《保卫马克思主义》，吉洪译，人民出版社1982年版，第27页。

② 余其铨：《恩格斯哲学与现时代——评“新马克思主义”对恩格斯的责难》，广西师范大学出版社1998年版，第107—111页。

它的正确性和科学性”[①]。任何用“人的问题”“实践的问题”来作为哲学的基本问题、最高问题都是完全错误的。萧灼基指出，哲学基本问题的概述“是对人类的认识发展史，特别是对近代哲学史最科学最精辟的总结和概括，也是对马克思主义哲学的卓越贡献”[②]。苏联学者凯德洛夫指出恩格斯对任何哲学的基本问题的解释“就在于他使这个问题超出了旧哲学的代表们所作的那种传统解释意义上的纯粹的认识论（即把认识论脱离辩证法和逻辑而独立出来）的狭窄范围，把它提高到整个辩证法的根本问题的水平”[③]。从划分唯物主义与唯心主义的角度，何中华指出恩格斯不是在形式的意义上而是在内容的意义上提出“哲学基本问题”的。在恩格斯的语境中，“哲学基本问题”不只是“过去时”的，同时也是“将来时”的，它并没有随着哲学的终结而失效，但何中华就此也指出恩格斯关于哲学基本问

① 余其铨：《恩格斯哲学与现时代——评“新马克思主义”对恩格斯的责难》，广西师范大学出版社 1998 年版，第 118 页。

② 萧灼基：《恩格斯传》，中国社会科学出版社 2008 年版，第 377 页。

③ 林进平主编：《马克思主义综论 II》（《马克思主义研究资料》第 24 卷），中央编译出版社 2014 年版，第 155 页。

题的思想脉络并不符合马克思的思想实质的观点[①]。如果说何中华的观点与此前持积极肯定观点存在分歧，那么认为过高评价哲学基本问题的观点就显得具有更大的相异性了。例如，胡大平就认为在以往的研究中，一直存在过高地评价哲学基本问题的倾向。胡大平认为，恩格斯仅是为方便叙述一般唯物主义和唯物主义的历史形态，才提出哲学基本问题，这只是一种策略性工具。更甚，他指出恩格斯始终只是关心如何解释马克思主义的科学性，涉及那些“纯粹的”学术问题，亦是出于这种需要。因此，不可过高地评价哲学基本问题。但是，胡大平也没有就此否定恩格斯关于哲学基本问题论述的历史意义，他认为这一论述科学地说明了新唯物主义与旧唯物主义之间的区别，这是非常重要的。[②]

同样，不论是从马克思哲学与西方传统哲学的关系，还是从恩格斯提问的语境研究，关于哲学基本问题的再认识，国内学者俞吾金、吴晓明等的

---

① 何中华：《恩格斯在何种意义上提出哲学基本问题——再读〈路德维希·费尔巴哈和德国古典哲学的终结〉》，载《马克思主义与现实》2010年2月。

② 胡大平：《回到恩格斯——文本、理论和解读政治学》，江苏人民出版社2010年版，第403—416页。

观点成为反思马克思哲学研究的一股“新流”。从“方法论”[①]以及哲学“类型理论”[②]角度，俞吾金等区别了哲学与哲学的具体类型、哲学元问题与哲学基本问题的关系，进而指出“思维与存在的关系不再成为‘哲学基本问题’，而是下降为一种特殊的哲学类型——知识论哲学的基本问题”[③]。俞吾金指出，恩格斯是从知识论哲学占主导地位的西方哲学传统提出哲学基本问题的，在确定的语境中，这一见解是有充分理由的。但是问题的关键在于，后来的解释者和研究者将恩格斯的这一论述简单化了，磨平了马克思哲学与西方传统哲学的差异。然而，正是这一基本问题的不同，才能真正厘清马克思哲学所实现的革命变革，人们才能真正进入并理解马克思哲学的视野。[④]需要关注的是，俞吾金提出思维与存在的关系问题仅是知识论哲学的基本问题之

---

① 吴晓明、俞吾金等：《哲学基本问题所蕴含的方法论问题》，载《中国社会科学》1986 年第 1 期。

② 俞吾金：《重新理解马克思：对马克思哲学的基础理论和当代意义的反思》，北京师范大学出版社 2005 年版，第 103 页。

③ 俞吾金：《重新理解马克思：对马克思哲学的基础理论和当代意义的反思》，北京师范大学出版社 2005 年版，第 112 页。

④ 俞吾金：《重新理解马克思：对马克思哲学的基础理论和当代意义的反思》，北京师范大学出版社 2005 年版，第 99—115 页。

后，接着论证了实践是马克思哲学的基本问题，从而进一步审视马克思主义哲学中的唯物主义立场。多数学者均意识到并不能说恩格斯对哲学基本问题的表述已是十全十美了，后续研究应该把理论向前推进，例如易杰雄、贺来、侯才、徐长福、孙和平等也从哲学变革和创新等角度指出要深入研究说明哲学基本问题提出的理论意义所蕴含的内容等基本问题。[①] 就以上研究，可以看出不论是赞成还是质疑恩格斯关于“哲学的基本问题”的概述，都是对马克思主义哲学对象、本质、功能等基本问题的阐发与关切，为解放思想、更好地理解马克思主义哲学做出了理论努力。

（三）“马克思与费尔巴哈的关系问题”研究

马克思与费尔巴哈之间的理论关系是深入探讨马克思主义哲学无法回避的问题，学者多是通过

---

① 易杰雄：《关于哲学基本问题的表述问题》，载《学术月刊》1984 年第 7 期；贺来：《重新反思“哲学基本问题”——哲学观念变革的重大课题之一》，载《北京大学学报》（哲学社会科学版）2014 年 1 月；孙和平：《论恩格斯如何扬弃“哲学基本问题”》，载《湖州师范学院学报》2005 年第 3 期；徐长福：《论恩格斯关于哲学终结的思想》，载《学术研究》2002 年第 11 期；侯才：《对哲学及其当代任务的一种审视——兼评恩格斯哲学观的现代性》，载《中国社会科学院研究生院学报》1996 年第 2 期。

恩格斯和列宁的著作理解马克思与费尔巴哈的关系的。例如，正如学者指出的，《费尔巴哈论》“在原则上正确地规定了费尔巴哈哲学与马克思哲学的基本性质，并且大体上恰当地揭示了二者之间的一般关系”[①]，是研究马克思与费尔巴哈关系的重要著作。

在《费尔巴哈论》中，恩格斯对马克思与费尔巴哈之间的理论关系进行了全面的论述，视其为必须要还清的“一笔信誉债”。援引文本，恩格斯的基本见解可以归纳为四点：第一，继黑格尔之后，对马克思思想产生最大影响的便是费尔巴哈了，“他在好些方面是黑格尔哲学和我们的观点之间的中间环节，……就是要完全承认，在我们的狂飙突进时期，费尔巴哈给我们的影响比黑格尔以后任何其他哲学家都大”[②]。第二，恩格斯高度评价了费尔巴哈哲学的历史功绩，“它直截了当地使唯物主义重新登上王座……这部书的解放作用，只有亲身体验过的人才能想象得到。那时大家都很兴奋：我们一时都成为费尔巴哈派了。马克思曾经怎样热烈地

① 吴晓明：《形而上学的没落——马克思与费尔巴哈关系的当代解读》，人民出版社2006年版，第1—2页。

② 《马克思恩格斯选集》第4卷，人民出版社2012年版，第218页。

欢迎这种新观点，而这种新观点又是如何强烈地影响了他（尽管还有种种批判性的保留意见），这可以从《神圣家族》中看出来”[①]。第三，恩格斯表明，“同黑格尔哲学的分离在这里也是由于返回到唯物主义观点而发生的”[②]。一般认为恩格斯意志正是因为马克思接受了费尔巴哈的唯物主义立场，进而摆脱了黑格尔唯心主义的影响，首次对唯物主义世界观采取了“真正严肃的态度”，按照现实世界本身来理解现实世界。第四，恩格斯指出，费尔巴哈哲学并没有批判地继承黑格尔哲学，“费尔巴哈打破了黑格尔的体系”[③]，“他下半截是唯物主义者，上半截是唯心主义者；他没有批判地克服黑格尔，而是简单地把黑格尔当作无用的东西抛在一边，同时，与黑格尔体系的百科全书式的丰富内容相比，他本人除了矫揉造作的爱的宗教和贫乏无力的道德以外，拿不出什么积极的东西。但是，从黑格尔学派的解题过程中还产生了另一个派别，唯一的真正结出果实的派别。这个派别主要是同马克思的名字

---

① 《马克思恩格斯选集》第 4 卷，人民出版社 2012 年版，第 228 页。
② 《马克思恩格斯选集》第 4 卷，人民出版社 2012 年版，第 249 页。
③ 《马克思恩格斯选集》第 4 卷，人民出版社 2012 年版，第 229 页。

联系在一起的”[①]。因此，奠定了马克思主义哲学的历史地位，“费尔巴哈没有走的一步，必定会有人走的。对抽象的人的崇拜，即费尔巴哈的新宗教的核心，必定会由关于现实的人及其历史发展的科学来代替。这个超出费尔巴哈而进一步发展费尔巴哈观点的工作，是由马克思于1845年在《神圣家族》中开始的”[②]。

《费尔巴哈论》对列宁的影响是非常大的。例如，列宁在《卡尔·马克思》一文中叙述马克思的思想发展过程便引用了恩格斯的论述，“后来，恩格斯在谈到费尔巴哈的这些著作时写道……”[③]。在《马克思的学说》一文中，列宁也指出，“从1844—1845年马克思的观点形成时，他就是一个唯物主义者，首先是路·费尔巴哈的信奉者”[④]。与恩格斯一样，列宁认为马克思思想转变的关键环节在于费尔巴哈的唯物主义。在《黑格尔〈逻辑学〉一书摘要》中，列宁指出：“唯物主义近在咫

① 《马克思恩格斯选集》第4卷，人民出版社2012年版，第248页。
② 《马克思恩格斯选集》第4卷，人民出版社2012年版，第247页。
③ 《列宁专题文集：论马克思主义》，人民出版社2009年版，第3页。
④ 《列宁专题文集：论马克思主义》，人民出版社2009年版，第7页。

尺。恩格斯说得对，黑格尔的体系是颠倒过来的唯物主义。”[①]同样，列宁在《谈谈辩证法》中，用“黑格尔—费尔巴哈—马克思”[②]的图式理解哲学发展史。从列宁的基本认识中，可以看出两个特点：其一，列宁赞成恩格斯的看法，也认为马克思通过费尔巴哈的唯物主义克服了黑格尔的唯心主义；其二，不同于恩格斯在费尔巴哈作为马克思与黑格尔的“中间环节”的“在好些方面”的谨慎提法，列宁没有提及这一限制。同样是因着《费尔巴哈论》的影响，梅林同列宁一样赞同恩格斯的基本看法，“我们不能指派自己那样一个任务，即在这里以坏的形式，重复恩格斯在他的关于费尔巴哈的经典著作中，早已充分明白地确定下来的东西”[③]。与列宁不同的是，梅林侧重于阐述费尔巴哈人本主义对马克思思想的影响，并强调了费尔巴哈哲学的局限性。在《费尔巴哈的人道主义》一文中，梅林指出，“就最广泛的意义来说，这一历史转折点是路

① 《列宁全集》第 55 卷，人民出版社 1990 年版，第 202 页。
② 《列宁全集》第 55 卷，人民出版社 1990 年版，第 308 页。
③ [德]梅林：《保卫马克思主义》，吉洪译，人民出版社 1982 年版，第 268 页。

德维希·费尔巴哈的人道主义。马克思以之开始了他对黑格尔法哲学的批判，恩格斯以之结束了他对于卡莱尔的批判”[①]。梅林分析了作为“黑格尔与马克思之间的中间环间”的费尔巴哈与马克思的真正差异：“在宗教方面，费尔巴哈已完成了需要做的一切。但是在政治方面，费尔巴哈的人道主义就一筹莫展了，这一如法国的社会主义一样，往往是完全忽视政治，充其量也只是给予政治问题以从属的意义。”[②] 梅林从费尔巴哈拒绝了马克思和卢格关于《德法年鉴》的邀请的行动这一过程指出，不懂得法国革命和英国工业是费尔巴哈的关键“失误”。“费尔巴哈的人道主义原则本身，对于马克思来说则是一种启示。在这个原则的启发之下，法国社会主义的一切不完备之处了若指掌了。”[③] 马克思屹立在实践的中央，对于德国的现实看得更深刻清楚，在《莱茵报》所获得的实践经验，产生了良好的作

---

① ［德］梅林：《保卫马克思主义》，吉洪译，人民出版社 1982 年版，第 277 页。

② ［德］梅林：《保卫马克思主义》，吉洪译，人民出版社 1982 年版，第 285 页。

③ ［德］梅林：《保卫马克思主义》，吉洪译，人民出版社 1982 年版，第 284 页。

用。马克思渴望着现实的斗争，他寻找着自己在德国现实生活中进行活动的出发点，不论这个现实生活是多么反动、多么不成样子，都要把激发着德国的同时代人的宗教问题和政治问题提高到自觉的人的形式上去。

在恩格斯、列宁和梅林对马克思和费尔巴哈关系的理解中，费尔巴哈恢复了唯物主义的权威，费尔巴哈是作为“中间环节”这一基本概括是确定的。这一理解“图式”也被作为马克思与费尔巴哈关系的一般的理解，特别是在马克思主义哲学史中被线性地利用了，出现了“马克思的黑格尔阶段”“马克思的费尔巴哈阶段”等提法，导致一些马克思主义哲学就是黑格尔哲学与费尔巴哈哲学的折中主义的庸俗理解，“马克思是崇拜费尔巴哈的，但并不是一个纯粹的费尔巴哈派”[①]。胡大平指出，梅林尽管认识到“把唯物主义彻底贯彻到历史和领域中”，但是没有真正理解新唯物主义已经不同于任何历史形式的世界观和方法论。《费尔巴哈论》为试图解决新唯物主义与费尔巴哈的唯物主义的关

① 陈先达：《评费尔巴哈在马克思早期思想中的地位与作用》，载《哲学研究》1981 年第 8 期。

系，做出“最重要尝试，它试图证明在人类社会和思想发展过程中，传统以绝对真理为目标的体系哲学瓦解了，代之以对自然、社会历史和思维过程之普遍联系进行研究的辩证的自然观、历史观和思维规律学说，这些学说作为现代唯物主义告别了一切旧哲学形式而成为具体科学”[①]。

新时期，以往的理解方式遇到了挑战。俞吾金的《重新理解马克思：对马克思哲学的基础理论和当代意义的反思》与吴晓明的《形而上学的没落——马克思与费尔巴哈关系的当代解读》两本著作较为典型。吴晓明指出，恩格斯在《费尔巴哈论》中关于马克思和费尔巴哈的关系的规定基本是正确的，只是恩格斯的“提示性的解释方案”并没有得到更好的深入探究。俞吾金等学者提出，“尽管费尔巴哈的思想对马克思有一定影响，但断定在马克思哲学思想的发展中存在着一个纯粹的费尔巴哈的唯物主义的阶段是缺乏依据的，把一般唯物主义的立场看作马克思哲学的基础和出发点也是不符

① 胡大平：《回到恩格斯——文本、理论和解读政治学》，江苏人民出版社 2010 年版，第 321 页。

合马克思思想发展的实际进程的”[①]。区别于恩格斯、列宁的观点，俞吾金的观点“否认的只是费尔巴哈的抽象唯物主义对马克思的重大影响，而并不否认费尔巴哈的某些哲学见解为马克思思想的发展提供了重要的提示”[②]。俞吾金指出，“马克思以批判的方式继承了费尔巴哈关于异化和人本主义的学说，把他的仅仅停留在感性直观上的、抽象的人改变为从事实际活动的、现实的人”[③]。与这一观点类似，张云阁提出“马克思超越费尔巴哈哲学实质是实践思维方式对人本学思维方式的超越”[④]，并认为费尔巴哈哲学对哲学史的贡献，既不是在旧唯物主义基础上的对黑格尔哲学的简单颠倒，也不是一般唯物主义原则的简单恢复，而是崭新的人本学思维方式的确立。

---

① 俞吾金:《重新理解马克思：对马克思哲学的基础理论和当代意义的反思》，北京师范大学出版社 2005 年版，第 81 页。

② 俞吾金:《重新理解马克思：对马克思哲学的基础理论和当代意义的反思》，北京师范大学出版社 2005 年版，第 82 页。

③ 俞吾金:《重新理解马克思：对马克思哲学的基础理论和当代意义的反思》，北京师范大学出版社 2005 年版，第 83 页。

④ 张云阁:《实践思维方式对人本学思维方式的超越——马克思与费尔巴哈哲学关系再思考》，载《马克思主义理论学科研究》2017 年第 2 期。

尽管马克思后来在《〈政治经济学批判〉序言》中勾勒自己思想发展的主要线索时未提及费尔巴哈，但也不能就此忽略恩格斯在《费尔巴哈论》中的基本概述，从而认为费尔巴哈的唯物主义哲学并不重要。研究马克思与费尔巴哈关系，对费尔巴哈的定位，在马克思主义哲学研究中是极其重要的。对于以往把马克思哲学形成和演化过程描述为：黑格尔或青年黑格尔主义式的唯心主义—费尔巴哈式的唯心主义—马克思自己创立的历史唯物主义的三阶段的思想，俞吾金等学者的观点的确提供了一个视角。但是，根本上，俞吾金的观点否认马克思主义哲学的唯物主义基础，对于“马克思主义是辩证唯物主义和历史唯物主义”的观点提出了质疑。若就此否定了恩格斯所讲到的马克思哲学的“一般唯物主义”立场，我们又如何理解马克思主义哲学关于自然和人类社会的一般看法？因此，争论的焦点依旧在于马克思主义哲学与西方传统哲学，特别是德国古典哲学的关系问题，究竟在何种意义上马克思主义哲学实现了一场哲学革命。

（四）“哲学的终结问题”研究

在《费尔巴哈论》中，恩格斯同时提出了一个涉及哲学史和马克思主义哲学在其中革命性质的重大理论问题，即“哲学终结论”问题。黑格尔哲学体系和方法的矛盾是以往哲学发展的固有结果，恩格斯指出，“哲学在黑格尔那里完成了，一方面，因为他在自己的体系中以最宏伟的方式概括了哲学的全部发展；另一方面，因为他（虽然是不自觉地）给我们指出了一条走出这些体系的迷宫而达到真正地确切地认识世界的道路”①。黑格尔哲学真正意义和革命性质使人们意识到过去对“绝对真理”的追求是无法达到的，“要求一个哲学家完成那只有全人类在其前进的发展中才能完成的事情”，以往的“全部哲学也就完结了”②。因而，在自然科学发展的进程中，德国古典哲学对人类追求真理的重要意义也在于使我们看到绝对真理和相对真理的辩证关系，对这一观点的揭示也构成了马克思主义哲学的重要内容。哲学的任务不再是执着于穷尽真理，为世界找到绝对真理的终点，而是作为世界观和方法论指导人们发现真理、认识真理。恩格斯说道：“这种历史观结束了历史领域内的哲学，正

①② 《马克思恩格斯选集》第4卷，人民出版社2012年版，第226页。

如辩证的自然观使一切自然哲学都成为不必要的和不可能的一样。现在无论在哪一个领域，都不再是从头脑中想出联系，而是从事实中发现联系了。这样，对于已经从自然界和历史中被驱逐出去的哲学来说，要是还留下什么的话，那就只留下一个纯粹思想的领域：关于思维过程本身的规律的学说，即逻辑和辩证法。”①

哲学的终结问题在国内20世纪90年代以来的讨论中成为一个重要话题，并构成马克思、恩格斯“一致论”或“对立论”争论的焦点之一。对这一问题的一般分析，国内已经形成了较好研究。例如，徐长福通过对恩格斯关于哲学终结命题及其相关表述的审理和含义分析，指出恩格斯这一命题具有两层非常明确的意思：首先，以思辨方式构造和解释世界的传统哲学在黑格尔那里已是最高形态了；其次，在实证科学的发展中哲学面临新的境遇。②徐长福特别指出，朝着体系化方向发展的后

① 《马克思恩格斯选集》第4卷，人民出版社2012年版，第264页。

② 徐长福:《论恩格斯关于哲学终结的思想》，载《学术研究》2002年第11期;《恩格斯哲学终结观的若干比较与分析》，载《学习与探索》2003年第1期。

世马克思主义哲学一定程度上背离了恩格斯关于哲学终结的思想。不同于徐长福归咎于后来的研究者，另一类型的观点直接对恩格斯关于哲学终结的概述提出批评。[①] 根据《费尔巴哈论》，俞吾金提出了三个质疑：第一，如果哲学从自然和社会中被驱逐出来，马克思的历史观应该属于什么学科？第二，马克思的新哲学观并不主张使哲学与社会分离开来。第三，如果新哲学面对的仅是“一个纯粹思想的领域”，那么极为关注现实与人的活动的马克思哲学该置于哪个领域？通过对问题的理解，俞吾金提出这三个问题的不同回答，实际是马克思和恩格斯思想差异的具体表现。除却以上研究，多数学者认同恩格斯所提到的哲学发展的窘境，从文本着手对这一问题的提法进行具体语境的限制。胡大平侧重于研究恩格斯在《费尔巴哈论》中对唯物主义发展史的阐述，指出理解这一问题的理论界限：在马克思、恩格斯那里“哲学的终结”问题最终是新科学的诞生问题，“即新历史观与既往思想在逻

---

① 俞吾金：《论恩格斯与马克思哲学思想的差异》，载《江苏社会科学》2003 年第 4 期；张建军：《论〈终结〉中的“唯物主义”的双重语义：为恩格斯辩护》，载《江海学刊》2004 年第 6 期。

辑和历史上的联系和差别问题，也即是新历史观本身的科学性证明问题，这一语境中，哲学、唯物主义、世界观等词语的含义才是清晰的”①。侯才认为，恩格斯所说的“哲学终结”是“传统哲学的终结”。马克思主义哲学扬弃了传统哲学，属于“当代哲学”。由于侯才把恩格斯所说的“哲学终结”看作“哲学研究重心”的转移，所以他在不同于恩格斯的意义上把马克思主义世界观也称为“哲学”，但把它看作不同于“传统哲学”的现代哲学。②如果以上观点能够成立，那么或许可以理解，关于恩格斯的哲学观，俞吾金的质疑存在三个可能性的误解：一是对于马克思主义世界观的“哲学”性质的误解，二是对于马克思主义世界观的基本问题的误解，三是对于马克思主义世界观与“实证科学”关系的误解。

在《费尔巴哈论》中，恩格斯总结历史的经验，提出自然科学的发展是哲学发展的坚实基础。

---

① 胡大平:《回到恩格斯——文本、理论和解读政治学》，江苏人民出版社 2010 年版，第 331 页。

② 侯才:《对哲学及其当代任务的一种审视——兼评恩格斯哲学观的现代性》，载《中国社会科学院研究生院学报》1996 年 2 月。

“像唯心主义一样，唯物主义也经历了一系列的发展阶段。甚至随着自然科学领域中每一个划时代的发现，唯物主义也必然要改变自己的形式。”[①] 任何一种哲学的思维形式，不管是唯心主义还是唯物主义，都不会是一成不变的。随着自然科学的发展，哲学改变着自己的形式。古代朴素自发的唯物主义自然观，到 15—18 世纪形而上学的、机械唯物主义自然观，再到 19 世纪黑格尔辩证唯心主义自然观，进而发展到马克思主义科学自然观，这都是由自然科学的发展决定的，正好符合了《费尔巴哈论》中，恩格斯对三大规律对人的思维的解放作用的描述。恩格斯从哲学发展的历史出发，强调哲学与科学的关系，指出哲学必须及时总结自然科学的新成果来发展自己的理论，科学地阐述了哲学与实证科学的关系。以伊·费切尔、诺曼·莱文等为代表的西方马克思主义者却认为“恩格斯根本不是一位哲学家，充其量只是一位研究自然界普遍规律的实证主义者”。英国学者塞克·科拉科夫斯基更是认为在恩格斯这里，哲学对具体科学来说是多余

---

① 《马克思恩格斯选集》第 4 卷，人民出版社 2012 年版，第 234 页。

的，是装饰品，哲学没有存在的必要，哲学是衰亡消失的。这些论断显然是违背文本事实的，不得不说是“断章取义”的，“用歪曲恩格斯的思想来反对恩格斯”[①]。

在《费尔巴哈论》中，恩格斯指出，德国古典哲学的终结并不是受到外在打击而停止，而是以某种方式完成了它的历史使命，从而在其后才产生了新的科学方向。恩格斯是从哲学革命的语境中提出“哲学的终结问题”，像历史唯物主义给予唯心主义历史观以致命打击一样，辩证的自然观也同样使一切自然哲学成为不必要的和不可能的东西。在物质发展史中找到了理解全部社会史的钥匙的新的马克思主义哲学，一开始就是首先面向工人阶级，表达工人阶级的心愿。它受到了工人阶级的欢迎和赞赏，继承了以前哲学思想的精华。恩格斯指出，只有工人运动才真正继承了德国古典哲学。[②]在实质上，是从哲学向世界观的转变；在思维方式或方法

---

① 余其铨:《恩格斯哲学与现时代——评“新马克思主义”对恩格斯的责难》，广西师范大学出版社 1998 年版，第 148—149 页。

② ［苏］列·伊利切夫等:《弗里德里希·恩格斯》，人民出版社 1984 年版，第 510 页。

上，是从形而上学向辩证法的转变；在形式上，是从旧式体系哲学向实证科学的转变；在研究的内容上，则是从普遍规律向各种具体问题的转变；在功能上，从解释世界向改变世界的转变。正是在这些意义上，才能理解恩格斯所说的“德国的工人运动是德国古典哲学的继承者”[①]，才能理解马克思主义哲学的历史使命和科学本质。

（五）“《费尔巴哈论》与《提纲》的比较问题”研究

《提纲》是作为《费尔巴哈论》的附录第一次发表的，恩格斯给予了很高的评价。在把《费尔巴哈论》送去出版前，恩格斯重新翻阅了《德意志意识形态》手稿，对于没有写完的费尔巴哈一章，深感无法达到对费尔巴哈哲学本身的批判。可是，恩格斯“在马克思的一本旧笔记中找到了十一条关于费尔巴哈的提纲，现在作为本书附录刊印出来。这是匆匆写成的供以后研究用的笔记，根本没有打算付印。但是它作为包含着新世界观的天才萌芽的第一个文献，是非常宝贵的”[②]。恩格斯应该没有料想，

① 《马克思恩格斯选集》第4卷，人民出版社2012年版，第265页。
② 《马克思恩格斯选集》第4卷，人民出版社2012年版，第219页。

这一起发表的两部著作，在后世的研究中竟引起比较大的差异或对立的争论，而且研究者多使用《提纲》来反对或否定《费尔巴哈论》的思想。

例如，在现代西方马克思和恩格斯“对立论”中，有观点认为从马克思的《提纲》到恩格斯的《费尔巴哈论》存在着一个从能动主义到机械的简单唯物主义的转换。卡弗指出，“恩格斯对这个提纲给予了极高的评价，称之为‘天才世界观的萌芽’，包含了理论的‘全部特征’。那种样式的著作令恩格斯着迷，他变得更加喜欢哲学上的问题。正因如此，恩格斯把此文的地位提升到了《德意志意识形态》之上，这与马克思在1859年序言中的论述是十分矛盾的”[①]。援引恩格斯在《费尔巴哈论》中对实践称作“实验和工业”的例子，以及与《提纲》马克思实践思想的对比，西方马克思主义对立论否定恩格斯关于实践问题的思想。诺曼·莱文就认为在恩格斯的哲学思想中根本没有实践的概念，恩格斯承认自然界不依赖于人而独立存在，忽视了实践在认识过程中的作用。法兰克福学派指责恩格

① ［美］特雷尔·卡弗：《马克思与恩格斯：学术思想关系》，姜海波等译，中国人民大学出版社2016年版，第136页。

斯将工业实践看作真理的标准，忽视了人的主观能动性，认为恩格斯的实践观是非辩证的、机械的、形而上学的经验论。与极端的对立论不同的是，麦克莱伦的观点饱含同情。他指出，恩格斯关于“实践”的思想是短缺的，但对这个原理最精确的表述——马克思的《关于费尔巴哈的提纲》——是由恩格斯作为他自己的《路德维希·费尔巴哈和德国古典哲学的终结》一书的附录首次发表的，所以两篇文章一起发表似乎存在着悖论。恩格斯在《费尔巴哈论》中说：“对这些以及其他一切哲学上的怪论的最令人信服的驳斥是实践，即实验和工业。既然我们自己能够制造出某一自然过程，按照它的条件把它生产出来，并使它为我们的目的服务，从而证明我们对这一过程的理解是正确的，那么康德的不可捉摸的‘自在之物’就完结了。动植物体内所产生的化学物质，在有机化学开始把它们一一制造出来以前，一直是这种‘自在之物’；一旦把它们制造出来，‘自在之物’就变成为我之物了，例如茜草的色素——茜素，我们已经不再从地里的茜草根中取得，而是用便宜得多、简单得多的方法从煤焦油里提炼出来了。”[①] 恩格斯这段话的表述很明确，是把科学实验和工业生产看作实践的主要内容，同时又把实践作为检验真理的唯一标准。以上各类观点的分歧在于对实践的不同理解，批评者与恩格斯持截然不同的意见。莱文把实践只是理解为人的主观活动，是黑格尔的主观性、有意识有目的的活动，而否定实践的物质前提和客观基础。与许多西方学者的批评一样，莱文也认为人的实践规定着世界的存在，物质世界不过是人的实践的产物。卢卡奇把实践看作纯主观的思维活动，这是与马克思主义基本原理相悖的。[②]

在国内研究中，以俞吾金为代表，在文章《论恩格斯与马克思哲学思想的差异》中，俞吾金提出了三个质疑：“从实践出发，还是从自然界出发”“从本体论维度理解实践，还是从认识论维度理解实践”“从人的问题着眼，还是从纯粹思想的问题着眼”？该文认为，在这三个问题中，马克思强调的是实践、本体论维度和人的问题，而恩格斯强调

---

① 《马克思恩格斯选集》第 4 卷，人民出版社 2012 年版，第 232 页。
② 余其铨：《恩格斯哲学与现时代——评“新马克思主义”对恩格斯的责难》，广西师范大学出版社 1998 年版，第 119—127 页。

的则是自然界、认识论维度和纯粹思想的问题，这说明“在恩格斯的《费尔巴哈论》和马克思的《提纲》所蕴含的哲学思想之间存在着若干重要的差异”，可惜的是，“正是恩格斯在《费尔巴哈论》中所阐发的思想对以后的马克思主义哲学的解释者们的思想产生了重大的影响”[①]。与西方对立论观点所认为的马克思和恩格斯思想的差异不同的是，俞吾金虽然指出了马克思和恩格斯在两篇著作中呈现的不同哲学思想，但他并不认为马克思和恩格斯思想存在绝对对立，“在恩格斯作过改动的《马克思论费尔巴哈》和马克思的原文《提纲》之间并不存在实质性的差别”[②]。的确，《费尔巴哈论》所阐发的思想对以后的马克思主义哲学的研究者和解释者产生了重大影响，特别是在苏联和国内学术界，所以，俞吾金的“差异论”在国内引起了较大回响。王昌英撰文否定了《论恩格斯与马克思哲学思想的差异》一文的观点，指出该文之所以“将恩格斯与旧

① 俞吾金：《论恩格斯与马克思哲学思想的差异——从〈终结〉和〈提纲〉的比较看》，载《江苏社会科学》2003 年第 4 期。

② 俞吾金：《重新理解马克思：对马克思哲学的基础理论和当代意义的反思》，北京师范大学出版社 2005 年版，第 88 页。

唯物主义者等同起来，而与马克思对立起来”，是对《费尔巴哈论》的误解，而不是新解。“马克思和恩格斯都是既从本体论维度，又从认识论维度理解实践”，认为“恩格斯的新哲学没有为人的问题留下应有的空间的说法也是站不住脚的”[①]。与王昌英观点类似，朱传棨等学者在回应争论中指出，《费尔巴哈论》与《提纲》不仅在理论原则、基本观点上是完全一致的，而且在所要达到的根本目的上也是完全一致的。第一，马克思和恩格斯关于费尔巴哈哲学的分析和批判问题上是一致的。第二，马克思和恩格斯对人和人的本质问题的思想观点是一致的。第三，《费尔巴哈论》对实践问题的研究和论述，在其深度和广度上都丰富、发展了《提纲》中关于实践的观点，使之更加具体化了，这是符合实际的正确认识的。[②] 同样，区别于将马克思

① 王昌英:《也论马克思和恩格斯哲学思想的差异——读〈提纲〉、〈终结〉和俞吾金的〈差异〉》，载《无锡职业技术学院学报》2005 年第 2 期。

② 朱传棨:《论马克思的〈提纲〉与恩格斯的〈终结〉——〈提纲〉与〈终结〉的“对立论”》，载《马克思主义哲学研究》2004 年第 1 期；郭星云:《论马克思的〈提纲〉与恩格斯的〈终结〉的“对立论”》，载《江汉论坛》2002 年 8 月。

和恩格斯思想对立的“差异论”，国内学界虽然认为马克思和恩格斯在形式上和某些具体内容阐述上，或强调某些论点时，在写作背景、批判具体对象、形式和历史作用等方面有着不同，但这并没有导致二者思想上的本质对立。胡大平从学界研究的整体情况而言，得出以上相同的观点。《提纲》的确成为许多人理解唯物主义历史观的新起点，将之作为批评恩格斯的《费尔巴哈论》、误解唯物主义历史观的依据；同时，恩格斯在《费尔巴哈论》中阐述的许多重大观点不是被教条化就是被视为背叛马克思的依据。“总体上，《费尔巴哈论》的基本意图仍然是从新历史观形成角度来阐明它的科学性质，这与《反杜林论》相关部分以及《社会主义从空想到科学的发展》的思路一致。尽管恩格斯确实因为通俗化表述而把唯物主义历史观图式化了，但到目前为止，在马克思主义与德国古典哲学关系的理解上，要说我们已经找到一个比恩格斯更优越的思路，恐怕也不是事实。反过来，为提出一种新解而搬开恩格斯这块挡路石便不难理解了。”[①] 臧峰宇

① 胡大平：《回到恩格斯——文本、理论和解读政治学》，江苏人民出版社 2010 年版，第 319 页。

以恩格斯对历史唯物主义的阐述过程为线索，也持上述观点。“恩格斯在《费尔巴哈论》中对费尔巴哈哲学失误的关键性认识与马克思在《提纲》中的论述之差别不能忽视。”但恩格斯在《费尔巴哈论》等著述中阐述了马克思主义哲学的实质，在系统论述历史唯物主义的同时阐明辩证唯物主义的重要意义，其基本观点是符合马克思生前的思想的。但由于恩格斯论述的重点特别是适应国际工人运动新形势的说明，对马克思主义哲学的某些方面有所突出，对另一些方面未予强调的情况是客观存在的，而这种状况确实呈现出马克思、恩格斯的学术关系问题。值得一提的是，恩格斯阐述的思想和逻辑为苏联马克思主义哲学教科书沿用，对国际共产主义运动的确具有重要影响。[①] 按照这一视角，在某种意义上，与其说“回到马克思”“马恩对立论”或“差异论”在利用恩格斯肢解或质疑马克思主义哲学，不如说这些观点反思和解构的是以苏联哲学界为代表的解读模式，而东欧马克思主义以及国内的

① 臧峰宇：《马克思之后的恩格斯：历史唯物主义的阐释——兼及〈路德维希·费尔巴哈和德国古典哲学的终结〉的解读》，载《学习与探索》2009 年第 6 期。

研究也正是在这样的语境中达到解放思想。

观水有术，必观其澜。尽管，学术界对《费尔巴哈论》的研究不论是焦点问题还是某些具体观点存在不同的认识和评价，但恩格斯对唯物辩证法、历史唯物主义的基本阐述具有极为重要的历史影响。对于《费尔巴哈论》写作所要实现的愿望和达到的目标，恩格斯是满意的，这部关于马克思主义哲学的重要著作推荐给想要了解、认识和研究马克思主义理论的年轻人是非常必要的。自 1888 年单行本（德文版）出版，《费尔巴哈论》的读者从德国跨越到世界：1889 年（俄文版）、1890 年（波兰文版）、1892 年（俄文版、葡萄牙文版）、1894 年（法文版）相继问世。其中，不得不提到《费尔巴哈论》在俄国无产阶级中产生的影响。1892 年和 1905 年，普列汉诺夫在《费尔巴哈论》俄文版的第一版和第二版出版时，都着重向俄国人民推荐，特别强调了《费尔巴哈论》对于马克思和恩格斯哲学思想集大成的重要体现。列宁更是高度评价《费尔巴哈论》的重要贡献，将它看作与《共产党宣言》同等重要的马克思主义理论文献。当然，还需要关注的是，在马克思主义中国化进程中，伴随党的事业的发展，从20世纪20年代翻译出版以来，《费尔巴哈论》同样产生了弥足珍贵的历史作用，常常作为党和人民学习马克思主义、接受马克思主义理论教育的必读书目之一。习近平强调，“认真学习马克思主义理论，这是我们做好一切工作的看家本领”[①]。2020年，是恩格斯诞辰200周年，缅怀伟大的无产阶级革命导师，重温经典，“学习《费尔巴哈论》有助于我们掌握马克思主义哲学，树立辩证唯物主义和历史唯物主义的世界观和方法论”[②]。在庆祝中国共产党成立100周年大会上，习近平强调，“中国共产党为什么能，中国特色社会主义为什么好，归根到底是因为马克思主义行！”[③]《费尔巴哈论》作为马克思主义哲学的重要文献，至今仍然具有重要的理论价值与现实指导作用，对今天建设中国特色社会主义、繁荣中国特色哲学社会科学仍有借鉴意义。

马克思主义服从于它自己所发现的历史运动规

---

① 《习近平谈治国理政》第1卷，外文出版社2018年版，第404页。

② 李少军：《读费尔巴哈论》，载《人民周刊网》2020年11月9日。

③ 《在庆祝中国共产党成立100周年大会上的讲话》，《人民日报》，2021年07月02日。

律：它是历史发展的产物，在较早的历史中，是不会被任何最有天才的头脑凭空想出来的；也只有达到一定高度时，人类历史才能揭开它的秘密。飞逝的时间，只有真理可奔驰向永恒。马克思主义闪耀着人类走向自由和解放的真理光芒，既属于它赖以产生的那个时代，又属于整个人类永恒的历史，需要我们不断去研究、实践与发扬。

参考文献

1.《马克思恩格斯选集》第 4 卷，人民出版社 2012 年版。
2.《马克思恩格斯选集》第 3 卷，人民出版社 2012 年版。
3.《列宁专题文集：论马克思主义》，人民出版社 2009 年版。
4.《马克思恩格斯文集》第 1—10 卷，人民出版社 2009 年版。
5.《列宁全集》第 55 卷，人民出版社 1990 年版。
6. [苏]叶·斯捷潘诺娃：《恩格斯传》，中央编译局译，人民出版社 1957 年版。
7.《普列汉诺夫哲学著作选集》第 3 卷，汝信等译，生活·读书·新知三联书店 1962 年版。
8. [法]科尔纽：《马克思恩格斯传》I，管士滨译，生活·读书·新知三联书店 1963 年版。
9. [苏]海因里希·格姆科夫等：《恩格斯传》，易廷镇等译，生活·读书·新知三联书店 1975 年版。
10. [法]科尔纽：《马克思恩格斯传》III，管士滨译，生活·读书·新知三联书店 1980 年版。
11. [苏]费多谢耶夫等：《卡尔·马克思》，生活·读书·新知三联书店 1980 年版。
12. 许崇温：《保卫唯物辩证法》，人民出版社 1980 年版。
13. [英]佩里·安德森：《西方马克思主义探讨》，高铦等译，人民出版社 1981 年版。
14. [德]梅林:《保卫马克思主义》，吉洪译，人民出版社 1982 年版。
15. 中国人民大学马列主义发展史研究所:《马克思恩格斯思想史》，上海人民出版社 1982 年版。
16. [苏]列・伊利切夫等:《弗里德里希・恩格斯》，程代熙等译，人民出版社 1984 年版。
17. 徐琳、唐源昌主编:《恩格斯与现时代——兼评“西方马克思主义”和西方“马克思学”》，中国人民公安大学出版社 1994 年版。
18. 黄楠森主编:《马克思主义哲学史》，高等教育出版社 1998 年版。
19. 余其铨:《恩格斯哲学与现时代——评“新马克思主义”对恩格斯的责难》，广西师范大学出版社 1998 年版。
20. 孙伯鍨:《探索者道路的探索》，南京大学出版社 2002 年版。
21. 俞吾金:《重新理解马克思：对马克思哲学的基础理论和当代意义的反思》，北京师范大学出版社 2005 年版。
22. 顾海良主编:《马克思主义发展史》，中国人民大学出版社 2007 年版。
23. 萧灼基:《恩格斯传》，中国社会科学出版社 2008 年版。
24. 张一兵:《马克思哲学的历史原像》，人民出版社 2009

年版。
25. 胡大平:《回到恩格斯——文本、理论和解读政治学》，江苏人民出版社 2010 年版。
26. 朱传棨:《恩格斯哲学思想研究论稿》，人民出版社 2012 年版。
27. 张一兵:《回到马克思：经济学语境中的哲学话语》，江苏人民出版社 2014 年版。
28. 林进平主编:《马克思主义综论 II》(《马克思主义研究资料》第 24 卷)，中央编译出版社 2014 年版。
29.《陈先达文集》第 1 卷，中国人民大学出版社 2015 年版。
30. 吴家华等:《马克思恩格斯思想比较研究》，中国人民大学出版社 2015 年版。
31. 武锡申主编:《经典作家著作研究 II》(《马克思主义研究资料》第 12 卷)，中央编译出版社 2015 年版。
32. 李百玲主编:《经典作家著作研究 IV》(《马克思主义研究资料》第 14 卷)，中央编译出版社 2015 年版。
33. [美]特雷尔·卡弗:《马克思与恩格斯：学术思想关系》，姜海波等译，中国人民大学出版社 2016 年版。
34. 田毅松编著:《恩格斯〈路德维希·费尔巴哈和德国古典哲学的终结〉研究读本》，中央编译出版社 2016 年版。
35. [英]戴维·麦克莱伦:《恩格斯传》，臧峰宇译，中国人民大学出版社 2017 年版。

36. 吴晓明：《形而上学的没落：马克思与费尔巴哈关系的当代解读》，北京师范大学出版社 2017 年版。
37. 张曙光：《人的世界与世界的人：马克思的思想历程追踪》，北京师范大学出版社 2017 年版。
38. 梁树发、丰子义主编：《马克思主义哲学史研究》，人民出版社 2017 年版。